사회통합
프로그램
종합평가

사회통합프로그램
종합평가

개정1판 발행	2023년 3월 24일
개정2판 발행	2025년 1월 15일

편 저 자	|	사회통합프로그램연구소
발 행 처	|	㈜서원각
등록번호	|	1999-1A-107호
주 소	|	경기도 고양시 일산서구 덕산로 88-45(가좌동)
교재주문	|	031-923-2051
팩 스	|	031-923-3815
교재문의	|	카카오톡 플러스 친구[서원각]
홈페이지	|	goseowon.com

귀화시험은 외국인이 한 나라의 국적을 취득하여 그 나라의 국민이 되기 위해 치르는 시험으로, 국적취득을 신청한 해당 국가의 언어로 구성된 필기시험 및 면접심사로 이루어집니다.

귀화시험은 초등학교 고학년 수준의 난이도로 대한민국의 정치, 사회, 문화를 비롯하여 기후 및 지리, 한글, 역사 등 대한민국 국민으로서 반드시 알아야 할 기본적 내용이 출제되며, 필기시험에 합격한 사람을 대상으로 대한민국에 대한 이해, 한국어 구사 능력, 대한민국 국민으로서의 기본 소양 등을 평가하는 면접심사를 진행합니다.

본 사회통합프로그램 종합평가(귀화시험) 교재는 귀화시험의 접수에서 필기시험, 면접시험에 이르기까지 귀화시험의 모든 것을 담은 기본서로 다음과 같이 구성되었습니다.

★ All about 귀화시험 : 귀화의 종류, 귀화시험 일정, 귀화시험 접수처 등 귀화시험에 대한 포괄적인 정보를 수록하였습니다.

★★ 사회통합프로그램(귀화시험) : 귀화시험을 위해 반드시 알아야 할 핵심이론 및 출제예상문제, 실전 모의고사 등을 수록하여 필기시험에 만전을 기할 수 있도록 하였습니다.

★★★ 면접심사 : 면접심사를 대비해 반드시 알아야 할 내용 및 빈출 문제, 기출유형 문제 등을 수록하여 면접심사에 대비할 수 있도록 구성하였습니다.

★★★★ 기출유형 모의고사 : 사회통합프로그램 종합평가 예시 유형을 기반으로 반영한 문제를 수록하여 보다 더 효율적으로 귀화시험을 준비할 수 있습니다.

대한민국 국적취득을 위해 노력하는 수많은 예비 대한민국 국민 여러분을 서원각이 응원합니다.

Structure

출제경향

사회통합프로그램 종합평가(귀화시험)는 우리나라의 분야별 기초지식과 더불어 일반적인 커뮤니케이션을 어려움없이 구사할 수 있게끔 그 출제흐름이 이어지고 있으며 본서도 이에 초점을 맞추어 집필되었습니다.

핵심이론정리

사회통합프로그램 종합평가(귀화시험)의 빈출 내용 분석을 통해 필기시험 대비를 위해 꼭 알아야 할 내용만을 선별하여 체계적으로 정리하였습니다. 사진·그림으로 보는 대한민국 자료를 수록하여 수험생의 이해를 도울 수 있도록 구성하였습니다.

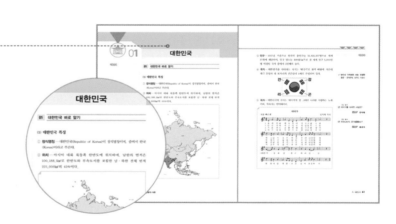

출제예상문제

법무부 출입국 외국인정책본부 홈페이지에서 공개한 예시 문제 유형을 반영한 출제예상문제를 수록하였습니다. 문제 풀이를 통해 앞서 학습한 내용을 한 번 더 확인할 수 있습니다.

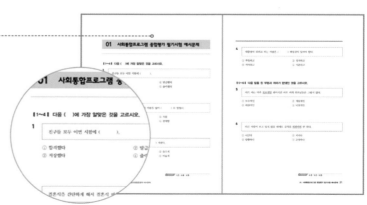

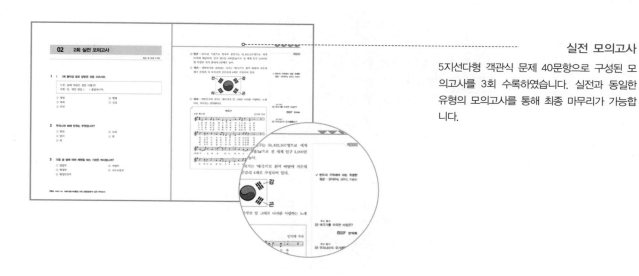

실전 모의고사

5지선다형 객관식 문제 40문항으로 구성된 모의고사를 3회 수록하였습니다. 실전과 동일한 유형의 모의고사를 통해 최종 마무리가 가능합니다.

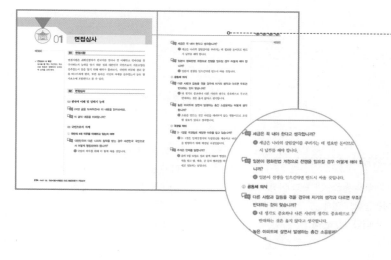

면접심사 & 기출 유형 문제

면접심사에서 자주 물어보는 내용을 엄선하여 빈출 문제를 정리하였습니다. 또한 최근 기출 문제와 예시 답안을 수록하여 면접심사에 대비할 수 있습니다. 최근 출제된 유형의 문제를 다시 한 번 수록하여 출제 경향 파악에 도움이 되도록 구성하였습니다.

Information

◉ **사회통합프로그램 기본방향**

① 이민자의 국내생활에 필요한 한국어, 경제, 사회, 법률 등 기본소양을 체계적으로 습득할 수 있는 사회통합프로그램 개발

② 이민자의 한국어 능력, 한국사회 이해 정도 등을 측정하기 위한 기본소양 사전평가 및 이수 레벨지정

③ KIIP를 이민자에게 직접 제공할 운영기관 (교육기관) 지정

④ 운영기관에서 KIIP강의 및 다문화 이해 등을 지도할 전문 인력 양성 및 관리

◉ **사회통합프로그램 도입취지**

① 이민자가 우리말과 우리문화를 빨리 익히도록 함에 따라 국민과의 원활한 의사소통으로 지역사회에 쉽게 융화 될 수 있도록 지원

② 재한외국인에 대한 각종 지원정책을 KIIP로 표준화하고 이를 이수한 이민자에게는 국적취득 필기시험을 면제 등 다양한 인센티브를 제공하여 자발적이고 적극적인 참여 기회 부여

③ 이민자에게 꼭 필요하고 적절한 지원정책 개발과 세부지원 항목 발굴을 위하여 이민자의 사회적응지수를 측정, 이민자 지원정책 등에 반영

◉ **사회통합프로그램 이수혜택**

① 귀화 신청 시 혜택(대상 : 한국이민귀화적격시험 이수완료자)시

> '17. 8. 29. 개정된 국적법 시행령 및 동법 시행규칙에 따라 '18. 3. 1.부터
> • 귀화필기시험이 사회통합프로그램 귀화용 종합평가로 대체되어 실시되며, 사회통합프로그램 한국이민귀화적격 과정 이수완료자 중 귀화용 종합평가 합격자만 귀화면접심사가 면제되는 것으로 변경

순번	한국이민귀화적격과정 이수완료 혜택 구분	'18. 3. 1. 이후	
		평가 합격	3회 수료
1	귀화신청자 대상 귀화용 종합평가 합격 인정	인정	인정
2	귀화면접심사 면제	인정	×
3	국적심사 대기기간 단축	인정	인정

② 영주자격 신청 시 혜택
- 한국어 능력 입증 면제
- 실태조사 면제
③ 그 외 체류자격 신청 시 혜택
- 가점 등 점수 부여
- 한국어능력 입증 면제
④ 사증(VISA) 신청 시 혜택
- 한국어능력 등 입증 면제

◉ 사회통합프로그램 과정 및 이수시간

구분	한국어와 한국문화					한국사회이해	
단계	0단계	1단계	2단계	3단계	4단계	5단계	
과정	기초	초급1	초급2	중급1	중급2	기본	심화
총 교육시간	15시간	100시간	100시간	100시간	100시간	70시간	30시간
평가	없음	1단계평가	2단계평가	3단계평가	중간평가	영주용종합평가	귀화용종합평가
참고	5단계 심화과정은 기본과정 수료(수료인정 출석시간 수강) 후 참여 ※ 영주 신청자 대상 영주용 종합평가 합격자는 5단계 기본과정부터 수업에 참여하고 심화과정을 참여할 수 있습니다.						

◉ **영주용 종합평가**

① 영주용 종합평가 대상 확대 안내
  ㉠ '18.9.21.부터 영주 신청을 하기 위해서는 사회통합프로그램을 이수완료 하거나, 종합평가에 합격하여야 함 (출입국관리법 시행규칙 제18조의3)
    * 사회통합프로그램 이수 또는 종합평가 합격 면제 또는 완화대상은 법무부고시 제2018-242호(2018.9.28.) 참조
  ㉡ 영주용 종합평가는 반드시 사회통합프로그램 5단계 기본과정(50시간)을 수료하여야 신청이 가능했으나, '18. 9. 21. 부터는 기본과정을 수료하지 않더라도 사전평가에서 85점 이상을 득점한 경우 신청 가능
  ㉢ 다만, 5단계 기본과정을 수료하지 않고 사전평가 85점 이상 득점으로 바로 영주용 종합평가에 합격한 자는 사회통합프로그램 이수로는 인정되지 않음

② 영주용 종합평가 구분

구분	현행	신설(18. 9. 21. 이후)
평가 구분	영주용 종합평가 (5단계 기본과정 수료자용)	영주신청자 대상 영주용 종합평가 (5단계 기본과정 미수료자용)
신청 대상	사회통합프로그램 5단계 기본과정 최초 수료일로부터 2년 이내인 자	사전평가에서 85점 이상 득점한 날로부터 2년 이내인 자
합격 시 이수완료	이수완료 처리	미이수 ※ 단, 추후 기본과정 수료 시 이수완료로 자동 변경
합격자	영주용 종합평가 합격증(이수) 발급 및 한국영주적격과정 이수증 발급	영주용 종합평가 합격증(미이수) ※ 단, 추후 기본과정 수료 시 이수완료로 변경 시 합격증에 '이수'로 표출
불합격자	영주용 종합평가 재응시 또는 기본과정 재수강 가능	영주 신청자 대상 종합평가 재응시 가능 (2년 이내 제한없음)

◉ 귀화용 종합평가

① 귀화허가 신청자 대상 귀화용 종합평가 안내

　㉠ 18.3.1.부터 귀화허가를 신청한 사람은 신청일로부터 1년 이내에 귀화허가 신청자 대상종합평가(귀화용 종합평가)에 최대 3회 응시할 수 있다.

　　[귀화허가 신청자 대상 귀화용 종합평가 응시 절차]

> 사회통합정보망(www.socinet.go.kr) 회원가입
> ① '개인정보 이용약관' 동의 체크→② '구분'에서 '귀화 신청자 대상'을 선택→③ 개인정보 입력(ID, 비밀번호, 성명, 생년월일 등)
> ※ 귀화신청 전 사회통합정보망 회원 가입했거나, 귀화신청 취하 또는 불허 후에 다시 귀화 신청한 경우에는 "귀화신청 인증절차" 필요 : 「마이페이지」－「학사이력조회」－「귀화신청자 인증」

　㉡ 귀화허가 신청을 하였으나 종합평가가 면제되는 대상은 「알림마당」－「FAQ」를 참조

② 귀화용 종합평가 구분

구분	현행	'18. 9. 21. 이후 신설
평가 구분	귀화용 종합평가 (5단계 기본과정+심화과정 수료자용)	귀화신청자 대상 귀화용 종합평가 (5단계 기본과정+심화과정 미수료자용)
신청 대상	사회통합프로그램 5단계 기본과정 최초 수료일로부터 2년 이내인 자	귀화허가를 신청한 날로부터 1년 이내인 자 (단, 응시기회는 3회 부여)
합격 시 이수완료 여부	이수완료 처리 (귀화면접심사 면제)	미이수(귀화면접심사 면제되지 않음) ※ 단, 추후 기본과정+심화과정 수료 시 이수완료로 자동 변경
합격자	귀화용 종합평가 합격증(이수) 발급 및 한국귀화적격과정 이수증 발급	① 귀화용 종합평가 합격증(미이수) ※ 단, 추후 기본과정+심화과정 수료로 이수완료로 변경 시 합격증에 "이수" 로 표출 ② 사회통합프로그램 5단계 배정 -희망할 경우, 2년 이내 5단계 수업 (기본과정+심화과정)에 참여 가능
불합격자	귀화용 종합평가 재응시 또는 기본과정+심화과정 재수강 가능	1년 3회 응시기획 내에서 재응시 가능

◉ 평가방법 및 합격기준

① 평가방법
  ㉠ 필기시험
  • 객관식(36문항) : 65점/50분
  • 작문형(4문항) : 10점/10분
  ㉡ 구술시험
  • 구술형 : 5문항/10분
  ※ 배점 기준은 변경될 수 있음
② 합격기준 : 100점 만점에 60점 이상 득점
③ 평가결과 확인 : 평가 후 사회통합정보망(마이페이지)에서 점수 및 합격여부 확인
  ※ 개별통보 또는 전체 게시 없음 (반드시 마이페이지에서 개별 확인)

01

사회통합프로그램 종합평가
예시문제

01 사회통합프로그램 종합평가 필기시험 예시문제

|1~4| 다음 (   )에 가장 알맞은 것을 고르시오.

1

> 친구들 모두 이번 시험에 (   ).

① 합격했다   ② 발급했다
③ 저장했다   ④ 출력했다

2

> 할아버지와 할머니께서는 지금 저녁을 (   ) 계셔.

① 발급하고
② 낭비하고
③ 피하고
④ 드시고

3

> 에바 씨는 시댁 식구들과 항상 (   ) 지낸다.

① 고독하게   ② 슬프게
③ 화목하게   ④ 어둡게

answer 1.① 2.④ 3.③

4

대통령이 되려고 하는 사람은 ( ) 책임감이 있어야 한다.

① 뿌듯하고   ② 정직하고

③ 서먹하고   ④ 서운하고

▌5~6▌ 다음 밑줄 친 부분과 의미가 반대인 것을 고르시오.

5

바트 씨는 아주 진보적인 편이지만 바트 씨의 부모님들은 그렇지 않다.

① 보수적인   ② 개방적인

③ 비관적인   ④ 낙천적인

6

다른 사람이 보고 있지 않을 때에도 규칙을 위반하면 안 된다.

① 이끌다   ② 지키다

③ 당황하다   ④ 고생하다

answer   4.②   5.①   6.②

7

> 가 : 내일도 회사에 나가요?
> 나 : 내일은 (   ) 출근을 안 해요.

① 휴일 치고　　　　　　　　② 휴일 때문에
③ 휴일 덕분에　　　　　　　④ 휴일이어서

8

> 가 : 요즘 날씨가 어때요?
> 나 : 여름 (   ) 많이 덥지는 않아요.

① 날씨뿐만 아니라
② 날씨치고
③ 날씨야말로
④ 날씨나마

9

> 가 : 요즘은 좀 한가하세요?
> 나 : 한가하기는요. 회사 일이 (   ) 한국어 시험도 봐야 해서 정신이 하나도 없어요.

① 많아도　　　　　　　　　② 많을까 봐
③ 많은 데다가　　　　　　　④ 많을 정도로

10

> 가 : 요즘은 컵을 가지고 다니시나 봐요.
> 나 : 네, 종이컵을 사용하면 건강에도 안 (   ) 환경도 오염돼서요.

① 좋더니   ② 좋았더니
③ 좋은 탓에   ④ 좋을 뿐만 아니라

▌11~12▐ 제시된 표현을 한 문장으로 만든 것 중 가장 알맞은 것을 고르시오.

11

> 좋은 사람들과 어울리다/ 맛있는 음식을 먹다/ 스트레스가 풀리다

① 좋은 사람들과 어울리려면 맛있는 음식을 먹고 스트레스가 풀려야 한다.
② 좋은 사람들과 어울려 맛있는 음식을 먹으면 스트레스가 풀린다.
③ 좋은 사람들과 어울릴 뿐만 아니라 맛있는 음식을 먹고 스트레스가 풀린다.
④ 좋은 사람들과 어울려 맛있는 음식을 먹은 것치고 스트레스가 풀린다.

12

> 서점에 가다/ 내 책을 사다/ 친구 것도 한 권 사다

① 서점에 가서 내 책을 사는 김에 친구 것도 한 권 샀다.
② 서점에 가다가 내 책을 사려고 친구 것도 한 권 사야겠다.
③ 서점에 갔더니 내 책을 사길래 친구 것도 한 권 사야 된다.
④ 서점에 가면서 내 책을 사는 바람에 친구 것도 한 권 사게 했다.

⊙ answer 10.④ 11.② 12.①

13

> 운전을 하는 사람들에게 교통사고는 한번쯤 있을 수 있는 일이다. 하지만 2011년 여름에 있었던 교통사고는 내 인생에서 가장 기억에 남는 순간이다. 왜냐하면 그 교통사고 때문에 지금의 남편을 만날 수 있었기 때문이다. 그날 나는 운전을 하면서 강남역 앞을 지나고 있었는데 앞차가 갑자기 서는 바람에 교통사고가 나고 말았다. 내가 어떻게 해야 할지 모르고 있는데 지나가던 남자가 와서 나를 도와주었다. 그래서 그 남자의 도움으로 교통사고를 잘 처리할 수 있었다. 며칠이 지난 후에 나는 도움을 준 그 남자에게 고맙다고 전화를 했고, 감사의 뜻으로 저녁을 샀다. 그렇게 우리는 친해져서 2012년 2월에 결혼을 했다. (   ).

① 운전을 하면 교통사고가 나기 마련이다

② 교통사고가 나는 바람에 나는 크게 다쳐서 입원을 했다

③ 그 교통사고로 인해서 한국인들의 사고방식을 이해할 수 있었다

④ 그날 교통사고가 나지 않았더라면 지금의 남편을 만날 수 없었을 것이다

14

> 가 : 에바 씨, 다음 주에 있는 송년회 준비가 잘 되고 있어요?
>
> 나 : 네, 잘 되고 있어요, 바야르 씨.
>
> 가 : 에바 씨가 많이 바쁠 텐데 도와주지 못해서 미안해요. 요즘 회사 일 때문에 너무 바빠서요.
>
> 나 : 미안하기는요. (   ).

① 준비할 게 얼마나 많은지 몰라요

② 도와주는 사람이 하나도 없더라고요

③ 이번 모임은 제가 다 준비해 놓을 테니까 걱정하지 마세요.

④ 제가 시간이 부족해서 음식 준비를 못했어요

ⓘanswer 13.④ 14.③

15

가 : 안야 씨, 결혼 준비 잘 돼 가고 있어요? 요즘 바쁘지요?

나 : 네, 준비할 게 한두 가지가 아니더라고요. 비용도 많이 들고요.

가 : 예단은 어떻게 해요?

나 : 예단은 안 하기로 했어요. (　　　).

① 예단이야 말로 낭비인 것 같아서요

② 예단을 많이 준비한 탓에 비용이 많이 들었어요

③ 예단 비용을 신랑하고 제가 반반씩 부담하기로 했어요

④ 그렇지 않아도 내일 신랑하고 같이 준비하려던 참이에요

❚16～18❚ 다음 글을 읽고 물음에 답하시오.

16 다음 글에서 알 수 없는 것은?

　　진주는 '진주 남강 유등축제'가 유명하다. 옛날부터 진주 사람들은 남강에 유등을 띄워 보내는 유등놀이를 즐겼는데 이것이 유래가 되어 2002년에 처음 '진주 남강 유등축제'가 시작되었다. 이 축제는 매년 10월에 열리고 있다. 축제가 열리는 동안 강물 위에는 다양한 유등이 전시된다. 다리를 건너면서 또는 강변을 걸으면서 구경할 수도 있고, 배를 타고 좀 더 가까이에서 유등을 보는 행사에 참가할 수도 있다. 빛과 물이 함께 어우러진 유등의 모습이 아름답고 볼 만하다. 그밖에 각종 공연과 불꽃놀이 같은 축하 행사도 많고, 직접 참여할 수 있는 체험 행사도 다양하게 개최된다. 그 중에서 유등을 직접 만들고 소원을 적어서 강에 띄워 보내는 행사가 가장 인기가 많은데 미리 참가 신청을 하면 참가비를 내지 않고 무료로 할 수 있다.

① 축제의 이름

② 축제를 하는 시기

③ 축제에서 하는 행사

④ 축제 참가 신청 방법

17 다음 글의 내용과 다른 것은?

서로가 마주보며 다져온 사랑을 이제 함께 한 곳을 바라보며 걸어갈 수 있는 큰 사랑으로 키우고자 합니다. 저희 두 사람이 사랑의 이름으로 살아갈 수 있게 앞날을 축복해 주시면 감사하겠습니다.	김준상 　　　　　의 장남 희영 김진희
	김광수 　　　　　의 장녀 세희 박용숙
	2015년 7월 25일(음력 6. 10) 토요일 오후 1시 행복예식장 1층 크리스탈홀

① 결혼식은 토요일 오후 1시에 한다.　　② 행복예식장 1층에서 결혼식을 한다.

③ 신랑은 큰아들이고 신부는 큰딸이다.　　④ 김준상 씨와 김세희 씨가 결혼을 한다.

18 다음 글의 중심내용은?

　　이웃은 서로 가까이에 있는 사람이나 집을 가리키는 말입니다. 이웃사촌은 "서로 이웃에 살면서 정이 들어 사촌 형제나 다를 바 없이 가까운 이웃"을 말합니다. 한국 사람들은 예로부터 이웃을 소중히 생각했습니다. 농경 생활을 해 오면서 서로 돕고 기쁜 일은 함께 기뻐하다 보니 어느새 가까운 친척만큼 친한 사이가 된 것입니다. 그래서 집안에서 큰일이 있을 때에는 늘 이웃과 상의하고 결정하곤 했습니다. 그러나 현대에는 주거 형태와 생활 방식이 변화하면서 이웃에 대한 생각도 많이 바뀌었습니다. 예전보다는 이웃끼리 교류가 적어지기는 했지만 그래도 아직 나름대로의 지역 공동체 의식이 존재하고 친밀한 이웃 관계가 유지되고 있습니다.

① 이웃은 서로 멀리 있는 사람이나 집이라는 뜻이다.

② 이웃사촌은 먼 곳에 사는 친척보다 더 가까운 친한 사이이다.

③ 한국인은 이웃을 소중하게 생각하고 현대에도 이웃과 친밀한 관계를 유지한다.

④ 현대에는 주거 형태와 생활 방식이 변화해서 친척에 대한 생각이 많이 바뀌었다.

19 한국에서 가족과 친족 간에 부르는 호칭으로 옳은 것을 〈보기〉에서 모두 고른 것은?

〈보기〉

㉠ 아내는 남편의 형을 '서방님'이라고 부른다.
㉡ 아내는 남편의 누나를 '형님'이라고 부른다.
㉢ 남편은 아내의 여동생을 '처제'라고 부른다.
㉣ 남편은 아내의 남동생을 '도련님'이라고 부른다.

① ㉠, ㉡
② ㉠, ㉣
③ ㉡, ㉢
④ ㉢, ㉣

20 한국의 사회보험 제도에 대한 옳은 설명을 〈보기〉에서 모두 고른 것은?

〈보기〉

㉠ 건강보험 : 아파서 치료받을 때 의료비를 지원받는다.
㉡ 고용보험 : 회사에서 일을 하다가 다쳤을 때 보상받는다.
㉢ 국민연금 : 나이가 많아 돈을 벌기 어려울 때 생계비를 지원받는다.
㉣ 산업재해보상보험 : 회사에서 해고되었을 때 일정 기간 금전적 지원을 받는다.

① ㉠, ㉡
② ㉠, ㉢
③ ㉡, ㉣
④ ㉢, ㉣

21 한국의 상징에 대한 설명으로 옳은 것은?

① 한국의 정식 이름은 대한민국이며, 대한민국은 1910년에 건국되었다.
② 한국의 국기는 태극기이며, 태극기 중앙에는 4괘가 있고 모서리에 태극문양이 있다.
③ 한국의 국가는 아리랑이며, 전체 4절로 구성되어 있다.
④ 한국의 국화는 무궁화로 '영원히 피고 또 피어서지지 않는 꽃'이라는 의미가 담겨있다.

22 국기를 게양하는 날이 아닌 것은?

① 식목일
② 국군의 날
③ 정부가 따로 지정하는 날
④ 현충일

23 〈보기〉에 제시된 용어를 통해 설명할 수 있는 한국 사회 현상으로 가장 적절하지 않은 것은?

〈보기〉	
• 조기 유학	• 기러기 아빠

① 높은 교육열   ② 원만한 가족 관계
③ 치열한 입시 경쟁   ④ 높은 사교육비 부담

24 〈보기〉의 ㈎, ㈏에 들어갈 용어로 적절한 것은?

> 〈보기〉
>
> 집을 사거나 전세 또는 월세를 구할 때는 (㈎)를 통해 계약서를 작성하고 설명을 듣는 것이 안전하다. 부동산 거래와 관련한 다양한 도움을 받을 수 있기 때문이다. 또한, (㈏)에 기록된 집주인과 실제로 계약할 때 서명하는 집주인이 같은 사람인지 확인해야 한다.

	㈎	㈏
①	공인중개사	등기부등본
②	공인중개사	주민등록등본
③	변호사	등기부등본
④	변호사	주민등록등본

25 〈보기〉의 밑줄 친 '이 날'에 대한 설명으로 옳은 것은?

> 〈보기〉
>
> • 이 날은 음력 8월 15일로 한국의 큰 명절이다.
> • 먹을 것이 많고 날씨도 좋아서 "더도 말고 덜도 말고 이 날만 같아라."라는 말도 있다.

① 웃어른께 세배를 드리며 건강을 기원한다.
② 대표적인 음식으로는 떡국과 오곡밥이 있다.
③ 햇곡식과 햇과일로 조상께 차례를 지낸다.
④ 나이를 한 살 더 먹는 것을 기념하여 송편을 먹는다.

26 ⟨보기⟩의 내용에서 찾아볼 수 있는 공통점으로 가장 적절한 것은?

> ⟨보기⟩
> • ⟨겨울연가⟩, ⟨대장금⟩, ⟨풀하우스⟩ 등과 같은 한국 드라마
> • 경쾌한 리듬과 쉬운 멜로디, 멋진 춤 등이 어우러진 케이팝(K-pop)

① 세계로 확산되고 있는 한국의 대중문화
② 서구에서 한국으로 수입된 최신 대중문화
③ 오래 전부터 전해 내려오는 한국의 전통문화
④ 동남아시아 지역에서 개발한 한국 관련 전통문화

27 한국의 지방자치제도에 대한 설명으로 옳은 것은?

① 기초자치단체가 광역자치단체보다 크다.
② 현재 지방자치제도는 수도권에서만 실시되고 있다.
③ 지방자치단체장과 지방의회 의원의 임기는 4년이다.
④ 도지사는 투표를 통해 선출하고 광역시장은 도지사가 임명한다.

28 ⟨보기⟩의 내용과 가장 관계 깊은 것은?

> ⟨보기⟩
> • 민주주의 국가에서는 국민들이 다양한 생각을 자유롭게 나타낼 수 있다.
> • 국민들은 자신의 의견을 말이나 글을 통해 자유롭게 주장할 수 있고 비슷한 생각을 가진 사람들이 한 자리에 모여 함께 주장하는 것도 가능하다.

① 표현의 자유   ② 선거의 자유
③ 종교의 자유   ④ 신체의 자유

answer 26.① 27.③ 28.①

29 〈보기〉의 내용을 통해 공통적으로 설명할 수 있는 사항으로 가장 적절한 것은?

> 〈보기〉
> • 한국은 1996년 선진국 클럽이라고 불리는 OECD에 가입하였다.
> • 한국은 아시아–태평양 지역 국가들의 경제 협력 회의인 APEC 회담을 개최하였다.
> • 한국은 세계 20개국 주요 나라의 모임인 G20 정상회의를 개최하였다.

① 한국의 군사적 역할 강화
② 한국의 국제적 위상 상승
③ 한국의 보호무역 정책 강화
④ 한국의 북한 원조 역할 확대

30 〈보기〉의 내용에 공통적으로 해당되는 것은?

> 〈보기〉
> • 재래시장   • TV 홈쇼핑
> • 대형 마트   • 온라인 쇼핑몰

① 정찰제 거래만 한다.
② 다양한 상품의 거래가 이루어진다.
③ 시간과 장소에 상관없이 물건을 구매할 수 있다.
④ 소비자와 상인 사이의 가격 흥정이 흔히 일어난다.

⊕ answer 29.② 30.②

31 한국의 복지제도 중 4대 사회보험이 아닌 것은?

① 국민건강보험

② 고용보험

③ 노령연금

④ 국민연금

32 애국가의 가사 중 내용이 <u>다른</u> 것은?

① 동해물과 백두산이 마르고 닳도록 하느님이 보우하사 우리나라 만세

② 남산 위에 저 소나무 철갑을 두른 듯 바람서리 불변함은 우리 기상일세

③ 가을 하늘 공활한데 높고 구름 없이 밝은 태양 우리 가슴 일편단심일세

④ 이 기상과 이 맘으로 충성을 다 하여 괴로우나 즐거우나 나라 사랑하세

33 〈보기〉의 ㈎, ㈏에 해당하는 기관 명칭으로 옳은 것은?

〈보기〉
㈎ 모든 개인이 갖고 있는 기본적인 인권을 보호하기 위한 국가 기관
㈏ 국가 기관의 잘못으로 인해 입게 된 국민의 피해를 구제하고 국가 기관의 부패 방지를 위해 노력하는 기관

	㈎	㈏
①	대한법률구조공단	특별사법경찰
②	특별사법경찰	대한법률구조공단
③	국민권익위원회	한국소비자원
④	국가인권위원회	국민권익위원회

34 조선의 정치와 사회에 대한 설명으로 옳은 것은?

① 태조는 왕건이고 수도는 개성이었다.
② 일본과 협력하여 중국의 침략을 막아 냈다.
③ 불교 사상을 토대로 새로운 정치를 실현하고자 하였다.
④ 양반, 중인, 상민, 천민 등으로 신분이 구분되어 있었다.

35 〈보기〉의 내용에 해당하는 인물의 업적에 대한 설명으로 옳은 것은?

〈보기〉

- 조선 왕조의 네 번째 왕
- 한국의 일만원 권 지폐에 등장하는 인물

① 임진왜란을 승리로 이끌었다.
② 백성들을 위해 훈민정음을 만들었다.
③ 한국 역사상 가장 넓은 영토를 차지하였다.
④ 일본의 침략에 대비하여 군대를 양성할 것을 주장하였다.

36 고려 시대 귀족에 대한 설명으로 옳은 것은?

① 화려하고 세련된 문화를 발전시켰다.
② 평민과 달리 관직에 진출하기 어려웠다.
③ 사회 지배 계급으로서 양반이라고도 불렸다.
④ 농사와 장사를 글 읽는 것만큼 귀하게 여겼다.

37 〈보기〉에 해당하는 지역에 대한 설명으로 옳지 않은 것은?

〈보기〉

- 한국에서 가장 큰 섬
- 외국 관광객이 많이 찾는 대표적인 관광지

① 화산 활동과 관련된 지형을 많이 찾아볼 수 있다.
② 한국에서 가장 높은 산인 백두산이 위치하고 있다.
③ 한국 최초로 유네스코 세계자연유산으로 선정되었다.
④ 예로부터 바람, 돌, 여자가 많은 지역으로 알려져 있다.

answer 35.② 36.① 37.②

38 〈보기〉는 현장 답사를 통해 지역의 특성을 살펴보고자 할 때 필요한 과정들이다. 이를 적절한 순서로 배열한 것은?

〈보기〉	
㈎ 인터뷰 및 현장 관찰	㈏ 보고서 작성
㈐ 답사 장소 선정	㈑ 답사 주제 선정

① ㈎ – ㈐ – ㈏ – ㈑
② ㈏ – ㈑ – ㈐ – ㈎
③ ㈐ – ㈑ – ㈏ – ㈎
④ ㈑ – ㈐ – ㈎ – ㈏

[작문형] 다음 내용을 포함하여 "내가 좋아하는 영화"라는 제목으로 200자 내로 글을 쓰시오.

- 좋아하는 영화의 제목은 무엇인가?
- 그 영화의 줄거리는 어떠한가?
- 그 영화를 좋아하는 이유는 무엇인가?

※ 작문시험 답안지에 제목은 생략하고 분문만 쓰세요.

answer 38.④

한국 사람들은 명절이 되면 온 가족이 고향집에 모인다. 그래서 명절이 되면 고속도로가 많이 막힌다. 고향집에 모인 가족들은 명절 음식을 함께 준비하면서 그 동안 살아온 이야기를 나눈다. 그리고 명절에는 조상님께 차례를 지내고 산소를 찾아가서 성묘를 한다. 그래서 명절은 한국 사람들에게 자기 자신이 누구인지를 되돌아보게 만드는 역할을 한다.

※ 종합평가에는 지문 읽기 측정이 없음

1 한국 사람들은 명절에 무엇을 하나요?

2 명절은 한국 사람에게 어떤 의미가 있나요?

3 ○○ 씨 나라의 명절을 소개하고 그 때 사람들이 무엇을 하는지 얘기해 보세요.

4 한국의 역사 인물 중에는 이순신 장군이 있습니다. 이순신 장군의 활동 시기와 업적 등에 대해서 아는 대로 말해 보세요.

5 1) 한국 국민은 어떤 의무를 가지고 있는지 설명해 보시오

2) ○○ 씨가 말한 ○○의무를 지키지 않았을 경우에는 어떤 일이 발생하는지 말해보세요.

6 한국이 통일되면 좋을까요, 나쁠까요? 그렇게 생각한 이유는 무엇입니까?

7 미운 정 고운 정에 대해서 말해 보세요.

8 지붕의 재료에 따른 한옥의 종류를 설명해 보세요.

9 우리나라 화폐에 나와 있는 인물 중 한명을 설명하고 그 인물을 선택한 이유를 말해 보세요.

10 우리나라의 유교사상에 대해 설명해 보세요.

11 '한강의 기적'이라고 불리우는 일에 대해 설명해 보세요.

12 대한민국의 주거문화에 대해 설명해 보세요.

13 대한민국의 음식문화와 ○○ 씨 나라의 음식문화와의 차이점에 대해 말해 보세요.

※ 자유롭게 서술하는 부분이므로 정답은 없습니다.

02

사회통합프로그램 종합평가
이론

01 대한민국

기출문제

01 대한민국 바로 알기

(1) 대한민국 특징

① **정식명칭** … 대한민국(Republic of Korea)이 정식명칭이며, 줄여서 한국 (Korea)이라고 부른다.

② **위치** … 아시아 대륙 북동쪽 한반도에 위치하며, 남한의 면적은 100,412.6㎢로 한반도와 부속도서를 포함한 남·북한 전체 면적 223.516㎢의 45%이다.

③ **인구** … 2023년 기준으로 한국의 총인구는 51,558,034명으로 세계 29위에 해당하며, 인구 밀도는 515명/㎢으로 전 세계 인구 1,000만 명 이상인 국가 중에서 3번째로 높다.

④ **국기** … 대한민국을 나타내는 국기는 '태극기'로 흰색 바탕에 가운데 태극 문양과 네 모서리의 건곤감리 4괘로 구성되어 있다.

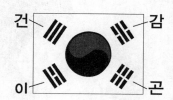

　⊙ **흰색 바탕** : 밝음과 순수, 그리고 전통적으로 평화를 사랑하는 우리의 민족성을 나타냅니다.

　ⓛ **태극 문양** : 음(파랑)과 양(빨강)의 조화를 상징하는 것으로 우주 만물이 음양의 조화로 인해 생명을 얻고 발전한다는 대자연의 진리를 표현해낸 것입니다.

　ⓒ **검은색의 4괘** : 건(하늘), 곤(땅), 감(물), 이(불)

⑤ **국가** … 대한민국의 국가는 '애국가'로 말 그대로 나라를 사랑하는 노래이며, 작곡가는 안익태이다.

✔ **반드시 기억해야 하는 유명한 장군** … 을지문덕, 김유신, 이순신

매년 출제
☑ 애국가를 작곡한 사람은?

정답 안익태

매년 출제
☑ 우리나라의 국가(國歌)는?

정답 애국가

기출문제

매년 출제
☑ 우리나라 국화(國花)의 이름은 무엇입니까?

① 진달래
② 백합
③ 개나리
④ 무궁화

⊙ 정답 ④

⑥ **국화** … 대한민국을 상징하는 꽃은 무궁화로 영원한 생명력으로 피고 지더라도 또 다시 피는 꽃이라는 뜻을 담고 있다.

무궁화

⑦ **국장** … 대한민국을 대표하는 국장(나라문장)은 다른 나라에 보내는 문서와 국가적 중요문서 등에 대한민국을 상징하는데 사용된다.

대한민국 국장

⑧ **언어** … 대한민국의 언어는 한국어로 한반도 및 그 부속 도서와 한민족 거주 지역에서 사용된다. 한국어는 정확하게 표기할 수 있는 문자인 한글로 나타낼 수 있다.

⑨ **화폐** … 대한민국의 화폐단위는 원(KRW, won, ₩)을 사용한다.

⑩ **경제** … 2021년 한국의 GDP는 1조 8,102억 달러로 세계 10위 수준이며, 주요 수출품으로는 스마트폰, 석유제품, 반도체, 자동차, 선박, 평판디스플레이 등이 있다.

⑪ **남북 분단** … 1945년 제2차 세계대전의 종전과 동시에 한반도는 북위 38도선을 경계로 미국과 소련에 의해 남과 북으로 분단되어 지금까지 분단국가로 남아있다.

⑫ **국기에 대한 맹세** … 국민의례 절차에서 낭독하는 맹세문으로 "나는 자랑스러운 태극기 앞에 자유롭고 정의로운 대한민국의 무궁한 영광을 위하여 충성을 다할 것을 굳게 다짐합니다."라고 낭독을 한다.

✔ 반드시 기억해야 하는 국민의 4대 의무 … 국방의 의무, 납세의 의무, 교육의 의무, 근로의 의무

(2) 대한민국 자연환경

① **기후** … 봄, 여름, 가을, 겨울의 사계절이 뚜렷하게 나타나며, 겨울에는 한랭 건조한 대륙성 고기압의 영향을 받아 춥고 건조하며, 여름에는 고온 다습한 북태평양 고기압의 영향으로 무더운 날씨를 보이고, 봄과 가을에는 이동성 고기압의 영향으로 맑고 건조한 날이 많다.

구분	특징
봄	한 해를 넷으로 나누었을 때 처음 오는 철을 의미한다. 대한민국의 봄은 3~5월이며 아침저녁으로 춥고 낮에는 따뜻하다. 봄에는 특히 꽃과 나무가 피어나는 계절이다.
여름	여름은 가장 더운 계절로 6~8월에 해당한다. 25~35℃ 정도 되는 더운 날씨로 이 시기에는 비가 계속해서 내리는 장마와 비와 거센 바람을 거느린 태풍이 몇 차례 지나간다.
가을	대한민국의 가을은 9~11월이며, 날씨가 점점 추워지기 시작하고 숲은 단풍으로 물든다.
겨울	−10~10℃의 아주 추운 계절로 12~2월이 해당된다. 눈이 내리고 찬바람이 부는 날이 많다.

② **기온** … 우리나라의 기온은 중부산간, 도서지방을 제외하고, 연 평균 기온은 10~15℃이다. 가장 무더운 달인 8월은 23~26℃이며, 가장 추운 달인 1월은 −6~3℃이다.

③ **강수량** … 연중 지역별 강수량은 중부지방 1,200~1,500mm, 남부지방 1,000~1,800mm이며, 제주도지방은 1,500~1,900mm이다. 계절적으로는 연 강수량의 50~60%가 여름에 내린다.

④ **바람** … 겨울에 북서풍, 여름에는 남서풍이 강하며, 계절에 따른 풍계가 뚜렷이 나타난다. 9월과 10월은 바람이 비교적 약하다. 해안지방에는 해륙풍의 영향이 뚜렷하다.

⑤ **습도** … 전국적으로 연중 60~75% 범위이며, 7월과 8월은 70~85% 정도이고, 3월과 4월은 50~70%이다.

⑥ **장마** … 6월 중순 후반에 제주도 지방으로부터 시작하여 6월 하순 초반에 점차 중부지방에 이르게 되며, 장마기간은 30일 내외이다.

⑦ **태풍** … 북태평양 서부에서 연중 26개 정도가 발생하며, 이 중 3개 정도가 우리나라에 직·간접적 영향을 준다.

⑧ **지형** … 한반도의 서쪽은 황해, 동쪽은 동해, 남쪽은 남해와 맞닿아 있어 삼면이 바다로 둘러싸인 반도형이며, 가장 큰 섬인 제주도가 있다.

---

02 국경일 및 기념일

---

(1) 국경일

국경일은 국가의 경사스러운 날을 기념하기 위하여 지정한 날로 "국경일에 관한 법률"에 따라 지정된 국경일로는 3·1절, 제헌절, 광복절, 개천절, 한글날이 있다.

① **3·1절**

　㉠ 1919년 3·1 운동의 독립 정신을 계승해 우리 민족의 단결을 굳게 하며, 국민의 애국심을 함양하기 위해서 제정한 국경일이다.

　㉡ 대한민국 정부가 수립된 이듬해인 1949년 10월 1일 국경일에 관한 법이 제정 및 공포되면서 3월 1일은 '삼일절'이라는 명칭으로 명실상부한 우리나라의 국경일이 되었다.

　㉢ 매년 3월 1일에는 3부 요인을 비롯해서 광복회 및 독립 유공자 유족들이 참석한 가운데 삼일절 기념식을 거행하고 있다.

2018년 출제
☑ 3·1절을 국경일로 제정한 이유는?

🅐정답 우리 민족이 일본의 식민통치에 저항, 독립선언서를 발표하여 한국의 독립의사를 세계에 알린 날을 기념하는 날이기 때문

② 개천절

㉠ 개천절은 우리 민족의 최초 국가인 고조선의 건국을 기념하기 위해 제정된 국경일이다.

㉡ 10월 3일, 단군기원 원년 음력 10월 3일에 국조 단군이 최초의 민족국가인 단군조선을 건국했음을 기리는 뜻으로 제정되었다.

③ 광복절

㉠ 광복절은 1945년 8월 15일, 우리 한민족이 35년 간의 일본 제국주의의 압제에서 광복을 되찾은 것을 기념하는 국경일이다.

㉡ 광복은 문자 그대로 "빛을 되찾음"을 의미하며, 국권을 되찾았다는 뜻으로 쓰이고 있다.

기출문제

2017년 출제

☑ 일본에게 나라를 빼앗겨 35년간 일본의 지배를 받고, 그 식민지배로부터 벗어나 해방된 날을 기념한 이날은 무엇입니까?

① 석가탄신일
② 성탄절
③ 광복절
④ 개천절

정답 ③

④ **한글날**

㉠ "훈민정음" 다시 말해 세종대왕이 오늘날의 한글을 창제해서 세상에 펴낸 것을 기념하고, 우리나라 한글의 우수성을 기리기 위한 국경일이다.

㉡ 1926년에 음력 9월 29일로 지정된 '가갸날'이 그 시초이며 1928년 '한글날'로 개칭되었다.

㉢ 광복 후에 양력 10월 9일로 확정되었고, 2006년부터 국경일로 지정되었다.

 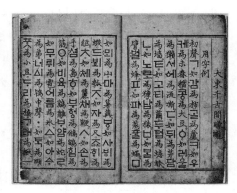

⑤ **제헌절**

㉠ 제헌절은 우리나라 헌법이 1948년 7월 17일에 제정 및 공포된 것을 축하하고 이를 수호하며 준법정신을 높일 목적으로써 제정된 국경일이다.

㉡ 매년 7월 17일이다.

(2) 기념일

기념일은 1973년 3월 30일 제정 및 공포된 "각종 기념일 등에 관한 규정"에 의거해 제정되어 그에 해당하는 의식 및 행사 등을 한다. 각종 기념일의 의식 및 행사 등은 이를 전국적인 범위로 행할 수 있으며, 주간이나 월간을 설정해 부수행사를 할 수 있는데, 모든 기념일의 의식 및 행사는 엄숙하면서도 검소하게 행해야 하며 기념일의 의의를 높일 수 있도록 하여야 한다.

① 어버이 날

　㉠ 매년 5월 8일 부모의 은혜에 감사하고 전통적인 효 사상의 미덕을 기리기 위해 정한 국가기념일이다.

　㉡ 또한, 자녀들은 부모님에게 카네이션을 달아드리고 선물을 전달하며, 온 가족이 부모를 모시고 즐거운 시간을 보낸다.

✔ 어버이날에 자녀가 부모님에게 달아드리는 것은 카네이션이다.

② **국군의 날**

ㄱ 우리나라 국군의 위용을 과시하며, 더불어서 장병들의 사기를 높
  이기 위해 정한 국가기념일이다.

ㄴ 매년 10월 1일이다.

③ **스승의 날**

ㄱ 교권을 존중하며, 동시에 스승을 공경하는 사회적인 풍토를 조성해
  교원들의 사기를 높이고 그들의 사회적 지위의 향상을 위해 제정
  한 국가기념일이다.

ㄴ 매년 5월 15일이다.

ㄷ 이 날 전국의 학교에서는 학생들이 스승의 은혜에 감사하다는 의
  미로써 스승에게 카네이션을 달아 드린다.

④ **석가탄신일**

ㄱ 음력 사월 초파일이라고도 한다.

ㄴ 석가모니가 태어난 날이라고 해서 '부처님 오신 날'이라고도 한다.

⑤ **현충일**

ㄱ 현충일은 국가를 위해 싸우다 희생하신 순국선열과 전몰장병들의 충렬을 기리고 얼을 위로하는 대한민국의 기념일이다.

ㄴ 매년 6월 6일이며, 호국영령들의 명복을 빌고 순국선열 및 전몰장병의 숭고한 호국정신 및 위훈을 추모하는 행사를 한다.

⑥ **어린이 날**

㉠ 어린이날은 어린이의 인격을 소중히 여기고, 어린이의 행복을 도모하기 위해 제정한 기념일이다.

㉡ 매년 5월 5일이며, 미래 사회의 주역인 어린이들이 티 없이 맑고 바르게, 더불어서 슬기롭고 씩씩하게 자라날 수 있도록 어린이 사랑 정신을 함양하고, 어린이들에게 꿈과 희망을 심어주고자 제정한 기념일이다.

⑦ **성탄절**

㉠ 기독교의 창시자인 예수 그리스도의 탄생 기념일이다.

㉡ 성탄일 또는 크리스마스라고도 한다.

㉢ 12월 25일이며, 전날인 24일 밤을 크리스마스 이브라고 한다.

⑧ **식목일**

　㉠ 식목일은 나무를 아끼고 잘 가꾸도록 권장하기 위하여 제정된 날
　이다.

　㉡ 매년 4월 5일이며, 국가적인 행사로 나무를 심는다.

나무심는날

나무야
무럭무럭 자라렴~

(3) 국기 게양

① 국기 게양일

⊙ 국경일 및 기념일

- 5대 국경일(3·1절, 제헌절, 광복절, 개천절, 한글날), 국군의 날 및 정부지정일
- 국기 다는 방법 : 깃봉과 깃면의 사이를 떼지 않고 단다.

ⓒ 조의를 표하는 날

- 현충일, 국장기간, 국민장일 및 정부지정일
- 국기 다는 방법 : 깃면의 너비(세로)만큼 내려 단다. 완전한 조기를 달 수 없는 경우는 바닥 등에 닿지 않도록 최대한 내려 단다.

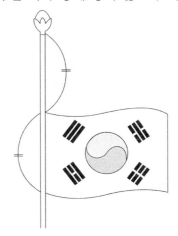

② **국기 게양 시간**

　　㉠ 국기는 매일, 24시간 게양할 수 있지만 야간에는 적절한 조명을 해야 한다.

　　㉡ 학교나 군부대는 낮에만 게양한다.(오전 7시~오후 5시)

③ **국기 다는 위치** : 단독(공동) 주택의 경우 집 밖에서 보아 대문의 중앙이나 왼쪽에 게양한다.

③ **국기의 관리** : 국기가 훼손된 때에는 이를 방치하거나 다른 용도에 사용하지 말고 즉시 소각 등 폐기하여야 한다. 때가 묻거나 구겨진 경우에는 국기가 훼손되지 않는 범위에서 이를 세탁하거나 다려서 다시 사용할 수 있다.

03 우리나라를 빛낸 인물

(1) 김연아

① 2010년 동계 올림픽 여자 싱글 챔피언, 2009년 세계 선수권 챔피언이다.

② 우리나라 최초의 올림픽 피겨 스케이팅 메달리스트이며, 세계 선수권 메달리스트이기도 하다.

③ 더불어 2009년 4대륙 피겨 스케이팅 선수권 대회 우승, ISU 그랑프리 파이널 3회 우승을 비롯하여, 참가한 모든 국제 대회에서 입상한 경력을 지니고 있다.

④ G20 홍보대사, 유니세프 친선대사 등 다방면의 홍보대사를 역임하며 광고모델로 얻은 수익의 대부분을 피겨 꿈나무들을 위해서 기부하는 등의 김연아는 명실상부한 '스포츠 스타'이자 '피겨 스타'이다.

(2) 박세리

① 미국여자프로골프(LPGA)에서 활약하고 있는 한국의 여자 프로골퍼이다.

② 미국여자프로골프(LPGA)에 데뷔한 지 7개월만인 1998년 5월 메이저인 'LPGA챔피언십'에서 정상에 올라 세계적인 골프 스타로 떠올랐다.

③ 2004년 5월 10일 LPGA투어 미켈롭 울트라 오픈에서 우승을 차지하여 명예의 전당 입회에 필요한 포인트 27점을 모두 채웠다.

④ 2007년에 한국인 최초로 명예의 전당에 이름을 올렸다.

⑤ 2006년 맥도널드 LPGA 챔피언십에서 우승을 기록했다.

(3) 반기문

① 전 UN 사무총장이다.

② 외교통상부 장관으로 재직 중인 2006년 2월 유엔 사무총장직에 출마할 것을 공식 선언하였다.

③ 또한, 같은 해 10월 9일 유엔 안전보장이사회에서 단독 후보로 추대되었으며, 14일 유엔 총회에서 공식 제8대 유엔 사무총장으로 공식 임명되었다.

④ 이로써 한국인으로는 처음으로 2007년 1월 1일부터 2016년 12월까지 유엔 사무총장으로서 업무를 수행하였다.

(4) 안중근

① 한말의 독립운동가이다.

② 1907년 이전에는 교육운동 및 국채보상운동 등의 계몽운동을 벌였었고, 그 후에 러시아에서 의병활동을 하다가 1909년 초대 조선통감이었던 이토 히로부미를 조선침략의 원흉으로 지목하여 하얼빈에서 권총으로 사살하였다.

(5) 신사임당

① 조선시대의 대표적인 여류 문인이다.

② 시와 그림에 능한 예술가이자 율곡 이이를 낳은 훌륭한 어머니이며, 현모양처로서 인품과 재능을 겸비한 여성으로 알려져 있다.

③ 신사임당에 대한 관심과 사랑은 여성 최초로 현재 우리나라 화폐 중 고액권인 5만 원 화폐 도안 인물로까지 이어졌다.

2018년 출제
☑ 우리나라 5만 원권 화폐도안 인물에 해당하는 여성은?

① 신사임당
② 심청
③ 유관순
④ 김연아

정답 ①

(6) 김좌진

① 한국의 독립운동가이다.

② 1920년 10월 20~23일 청산리 80리 계곡에서 유인되어 들어온 일본 군을 맞아 백운평·천수평·마록구 등지에서 3회의 격전을 전개하 여 일본군 3,300여 명을 섬멸했다.

(7) 허준

① 조선 중기의 의학자이다.

② 선조와 광해군 시대에 어의를 지냈으며 1610년(광해군 2)에 조선 한 방의학의 발전에 기여한 「동의보감」을 완성하였다.

(8) 강수진

① 한국의 발레리나이다.

② 동양인 최초로 독일 슈투트가르트 발레단에 입단해 솔리스트로 선발 된 후에 수석 발레리나로 활동하였다.

③ 1999년 무용계의 아카데미 상인 '브누아 드 라 당스(Benois de la Danse)' 의 최고 여성무용수로 선정되었다.

④ 2014년 2월부터 대한민국 국립발레단 단장을 재임하고 있다.

(9) 안익태

① 한국의 세계적인 작곡가 및 지휘자이다.

② 1936년에 '애국가'를 작곡하였다.

③ 마요르카 교향악단의 상임 지휘자를 지냈으며, 문화포장을 받았으며 사후 문화훈장 대통령장이 추서되었다.

⑽ 조수미

① 우리나라의 소프라노 성악가이다.

② 1988년 베르디 오페라 '가면무도회'에서 오스카 역으로 플라시도 도밍고 등과 함께 녹음에 함께 참여해 세계적인 명성을 쌓을 수 있는 전기를 마련하였고, 이 오디션에서 명 지휘자 카라얀은 조수미에 대해 "신이 내린 목소리"라며 극찬했다.

③ 2016년 기준으로 30년차 성악가로 세계 각지에 공연을 다니고 있다.

⑾ 황영조

① 한국이 낳은 세계적인 마라토너이다.

② 1994년에는 보스턴 마라톤에 참가하여 한국 최고 기록을 경신하는 2시간 08분 09초(4위)를 기록하여 건재함을 증명하였으며, 이 해 10월, 일본 히로시마에서의 제12회 아시아 경기 대회 마라톤에서 금메달을 따면서 국민적인 영웅이 되었다.

⑿ 김대중

① 대한민국의 제15대 대통령이다.

② 아시아 · 태평양평화재단(아태평화재단)을 조직하여 활동했다.

③ 1999년 아시아에서 가장 영향력 있는 지도자 50인 중 공동 1위에 선정되었다.

④ 2000년 한국과 동아시아에서 민주주의와 인권을 위해, 특히 북한과의 평화와 화해를 위해 노력한 공로로 한국인 최초 노벨평화상을 받았다.

2017년 출제
☑ 일본 히로시마 제12회 아시아경기대회 마라톤에서 금메달을 딴 사람은?

① 장재근
② 선동열
③ 황영조
④ 이만기

정답 ③

01 출제예상문제

01 다음 중 대한민국의 국기는 무엇입니까?

① 일장기   ② 태극기

③ 욱일기   ④ 성조기

> 📖NOTE ② 대한민국을 나타내는 국기는 태극기로 흰색 바탕에 가운데 태극 문양과 네 모서리의 건곤감리 4괘로 구성되어 있다.
> ※ 대한민국 국기

02 대한민국의 국가는 무엇입니까?

① 애국가   ② 일편단심가

③ 국민의례   ④ 구지가

> 📖NOTE ① 대한민국의 국가는 '애국가'로 말 그대로 나라를 사랑하는 노래이며, 작곡가는 안익태이다.

● answer   01.②   02.①

03 다음 중 애국가의 작곡가는 누구입니까?

① 김대중   ② 이회창

③ 안익태   ④ 윤봉길

> **NOTE** ③ 작곡가이자 지휘자인 안익태 선생이 애국가를 작곡하였다.

04 대한민국을 대표하는 꽃은 무엇입니까?

① 할미꽃   ② 만리꽃

③ 고마리   ④ 무궁화

> **NOTE** ④ 대한민국을 상징하는 꽃은 무궁화이다.

05 대한민국에서 사용하는 언어는 무엇입니까?

① 한문   ② 한국어

③ 히라가나   ④ 영어

> **NOTE** ② 대한민국의 언어는 한국어로 한반도 및 그 부속 도서와 한민족 거주 지역에서 사용된다. 한국어는 정확하게 표기할 수 있는 문자인 한글로 나타낼 수 있다.

answer 03.③ 04.④ 05.②

06 다음 중 대한민국의 화폐 단위가 아닌 것은 무엇입니까?

① 엔   ② 원

③ ₩   ④ KRW

> **NOTE** ① 엔은 일본의 화폐 단위이다. 대한민국의 화폐 단위는 원(KRW, won, ₩)을 사용한다.

07 국민의례 절차에서 낭독하는 맹세문은 무엇입니까?

① 국기에 대한 맹세   ② 국민교육헌장

③ 헌장비   ④ 나는 자랑스런 태극기 앞에

> **NOTE** ① 국기에 대한 맹세이다.
>
> ※ **국기에 대한 맹세** … 국민의례 절차에서 낭독하는 맹세문으로 "나는 자랑스러운 태극기 앞에 자유롭고 정의로운 대한민국의 무궁한 영광을 위하여 충성을 다할 것을 굳게 다짐합니다."라고 낭독을 한다.

08 우리나라의 제20대 대통령이 집무실을 청와대에서 이전한 곳은 어디입니까?

① 용산   ② 광화문

③ 과천   ④ 세종시

> **NOTE** 대통령집무실은 20대 윤석열 대통령이 당선 후 청와대에서 용산대통령실로 이전했다.

answer   06.①   07.①   08.①

09 대한민국의 자연환경 특징이 아닌 것을 고르시오.

① 봄, 여름, 가을, 겨울의 사계절이 뚜렷하게 나타난다.

② 여름에는 고온 다습한 북태평양 고기압의 영향으로 무더운 날씨이다.

③ 겨울에는 날씨가 점점 추워지기 시작하고 숲은 단풍으로 물든다.

④ 태풍은 3개 정도가 우리나라에 직·간접적 영향을 준다.

> **NOTE** ③ 대한민국의 가을은 날씨가 점점 추워지기 시작하고 숲은 단풍으로 물드는 시기로 9~11월이 가을에 해당한다.

10 대한민국의 가장 큰 섬은 무엇입니까?

① 이어도 　　　　　　　　　② 제주도

③ 울릉도 　　　　　　　　　④ 독도

> **NOTE** ② 제주도는 우리나라 최대의 섬으로 한라산이 있다.

11 자연환경, 생활환경의 보전 및 환경오염방지에 관한 사무를 맡아보는 정부기관은 어디입니까?

① 환경부 　　　　　　　　　② 산업통상자원부

③ 문화체육관광부 　　　　　④ 국토교통부

> **NOTE** ① 자연환경, 생활환경의 보전 및 환경오염방지에 관한 사무를 관장하는 곳은 환경부이다.

⊙ answer 09.③ 10.② 11.①

12 대한민국의 초대 대통령은 누구입니까?

① 전두환   ② 김대중

③ 박정희   ④ 이승만

> **NOTE** ④ 대한민국 초대 대통령은 이승만이다.
> ① 11~12대 ② 15대 ③ 5~9대

13 대한민국 대통령 임기는 얼마입니까?

① 3년   ② 4년

③ 5년   ④ 6년

> **NOTE** ③ 대통령의 임기는 5년으로 임기가 끝난 뒤 2회 이상 재임할 수 없다.

14 김대중 대통령 이후의 바로 다음 대통령은 누구입니까?

① 노무현   ② 이명박

③ 박근혜   ④ 김무성

> **NOTE** ① 노무현 대통령은 제16대 대한민국 대통령으로 김대중 대통령 다음에 취임하였다.

answer 12.④ 13.③ 14.①

15 다음 중 대한민국의 광역시가 아닌 곳은 어디입니까?

① 전주
② 인천
③ 대구
④ 광주

> **NOTE** ① 전주는 전라북도 중부에 있는 도시이다.

특별시	광역시	특별자치시	도	특별자치도
• 서울특별시	• 부산광역시 • 대구광역시 • 인천광역시 • 광주광역시 • 대전광역시 • 울산광역시	• 세종특별자치시	• 경기도 • 강원도 • 충청북도 • 충청남도 • 전라북도 • 전라남도 • 경상북도 • 경상남도	• 제주특별자치도

16 국민의 의무 가운데 신체 건강한 남성이 병역의 의무를 수행하여야 하는 의무는 무엇입니까?

① 납세의 의무
② 국방의 의무
③ 교육의 의무
④ 근로의 의무

> **NOTE** ② 국방의 의무는 국방에 관한 의무로 신체 건강한 남성이 병역의 의무를 수행하여야 한다는 것을 말한다.

15.① 16.②

17 대한민국 국민의 4대 의무가 아닌 것은 무엇입니까?

① 납세의 의무　　　　　　　　　② 국방의 의무

③ 교육의 의무　　　　　　　　　④ 선거의 의무

> 📝 NOTE ④ 국민의 4대 의무는 헌법에 국가가 민주주의를 지키고 국민 삶의 질을 높이기 위해 국민
> 들에게 지키도록 정한 납세의 의무 · 국방의 의무 · 교육의 의무 · 근로의 의무를 말한다.
>
> ※ 국민의 4대 의무

구분	내용
납세의 의무	국민이 낸 세금으로 나라 살림을 하기 때문에 세금을 성실히 납부를 해야 한다는 것으로 조세를 내는 부담은 공평하게 배분되도록 법을 만들어야 한다.
국방의 의무	국방에 관한 의무로 신체 건강한 남성이 국방의 의무 중 하나인 병역의 의무를 수행하여야 한다.
교육의 의무	모든 국민이 자녀에게 최소한 초등교육과 법률이 정하는 교육을 받게 할 의무를 말한다.
근로의 의무	근로를 하여야 할 의무로 근로조건의 기준은 인간의 존엄성을 보장하도록 법률로 정하도록 하고 있다.

18 다음 중 3 · 1운동의 독립 정신을 계승해 우리 민족의 단결을 굳게 하며, 국민의 애국심을 함양하기 위해서 제정한 국경일은 무엇입니까?

① 3 · 1절　　　　　　　　　　② 광복절

③ 제헌절　　　　　　　　　　④ 부활절

> 📝 NOTE 3 · 1절은 1919년 3 · 1 운동의 독립 정신을 계승해 우리 민족의 단결을 굳게 하며, 국민의 애
> 국심을 함양하기 위해서 제정한 국경일이며, 대한민국 정부가 수립된 이듬해인 1949년 10월
> 1일 국경일에 관한 법이 제정 및 공포되면서 3월 1일은 '삼일절'이라는 명칭으로 명실상부한
> 우리나라의 국경일이 되었다.

⊙ answer 17.④ 18.①

19 다음 중 우리 민족의 최초 국가인 고조선의 건국을 기념하기 위해 제정된 국경일은 무엇입니까?

① 광복절　　　　　　　　　　　　② 개천절

③ 성탄절　　　　　　　　　　　　④ 3 · 1절

🖪NOTE　개천절은 우리 민족의 최초 국가인 고조선의 건국을 기념하기 위해 제정된 국경일이며, 단군 기원 원년 음력 10월 3일에 국조 단군이 최초의 민족국가인 단군조선을 건국했음을 기리는 뜻으로 제정되었다.

20 우리 한민족이 35년 간 일본 제국주의의 압제에서 나라를 되찾은 것을 기념하는 국경일을 무엇이라고 합니까?

① 광복절　　　　　　　　　　　　② 성탄절

③ 부활절　　　　　　　　　　　　④ 추수감사절

🖪NOTE　광복절은 우리 한민족이 35년 간 일본 제국주의의 압제로부터 나라를 되찾은 것을 기념하는 국경일이다.

21 다음 중 세종대왕이 오늘날의 한글을 창제해서 세상에 펴낸 것을 기념하기 위한 날은 무엇입니까?

① 스승의 날　　　　　　　　　　② 경찰의 날

③ 한글날　　　　　　　　　　　　④ 어버이 날

🖪NOTE　한글날은 우리나라 글자 한글의 우수성을 기리기 위한 국경일이며, 1926년에 음력 9월 29일로 지정된 '가갸날'이 그 시초이고 1928년 '한글날'로 개칭되었다.

answer　19.②　20.①　21.③

22 헌법의 제정을 기념하고 준법정신을 높일 목적으로 제정된 국경일을 무엇이라고 합니까?

① 제헌절   ② 성탄절

③ 광복절   ④ 3·1절

> **NOTE** 제헌절은 우리나라 헌법이 1948년 7월 17일에 제정 및 공포된 것을 축하하고 이를 수호하며 준법정신을 높일 목적으로 제정된 국경일이다.

23 다음 중 부모의 은혜에 감사하고 전통적인 효 사상의 미덕을 기리기 위해 정한 국가기념일은 무엇입니까?

① 근로자의 날   ② 어린이 날

③ 어버이 날   ④ 성년의 날

> **NOTE** 어버이 날에 자녀들은 부모님에게 카네이션을 달아드리고 선물을 전달하며, 온 가족이 부모를 모시고 즐거운 시간을 보낸다.

24 다음 중 우리나라 국군 장병들의 사기를 높이기 위해 정한 국가기념일은 무엇입니까?

① 경찰의 날   ② 과학의 날

③ 성년의 날   ④ 국군의 날

> **NOTE** 국군의 날은 우리나라 국군의 위용을 과시하며, 더불어서 장병들의 사기를 높이기 위해 정한 국가기념일이며, 매년 10월 1일이다.

answer 22.① 23.③ 24.④

25 다음 중 스승을 공경하는 사회적인 풍토를 조성해 교원들의 사기를 높이고 그들의 사회적 지위의 향상을 위해 제정한 국가기념일을 무엇이라고 합니까?

① 스승의 날　　　　　　　　　② 어린이 날
③ 환경의 날　　　　　　　　　④ 과학의 날

📝**NOTE** 스승의 날에는 전국의 학교에서 학생들이 스승의 은혜에 감사하다는 의미로써 스승에게 카네이션을 달아 드린다.

26 호국영령들의 명복을 빌고 순국선열과 전몰장병의 숭고한 호국정신 및 위훈을 추모하는 날은 무엇입니까?

① 광복절　　　　　　　　　　② 현충일
③ 추석　　　　　　　　　　　④ 단오

📝**NOTE** 현충일은 국가를 위해 싸우다 희생하신 순국선열과 전몰장병들의 충렬을 기리고 얼을 위로하는 대한민국의 기념일이다.

27 기독교의 창시자인 예수 그리스도의 탄생 기념일은 무엇입니까?

① 광복절　　　　　　　　　　② 추수감사절
③ 부활절　　　　　　　　　　④ 성탄절

📝**NOTE** 성탄절은 기독교의 창시자인 예수 그리스도의 탄생 기념일이다.

answer 25.① 26.② 27.④

28 다음 중 어린이의 인격을 소중히 여기고, 어린이의 행복을 도모하기 위해 제정한 기념일은 무엇입니까?

① 어린이 날　　　　　　　　　② 어버이 날

③ 철도의 날　　　　　　　　　④ 성년의 날

🖊NOTE　어린이 날은 미래 사회의 주역인 어린이들이 티 없이 맑고 바르게, 더불어서 슬기롭고 씩씩하게 자라날 수 있도록 어린이 사랑 정신을 함양하고, 어린이들에게 꿈과 희망을 심어주고자 제정한 기념일이다.

29 다음 중 국가적인 행사로 나무를 심는 날을 무엇이라고 합니까?

① 현충일　　　　　　　　　　② 식목일

③ 휴직일　　　　　　　　　　④ 제헌절

🖊NOTE　식목일은 나무를 아끼고 잘 가꾸도록 권장하기 위하여 제정된 날이며, 매년 4월 5일이다.

30 다음 중 국경일이 아닌 것은?

① 광복절　　　　　　　　　　② 정월대보름

③ 한글날　　　　　　　　　　④ 제헌절

🖊NOTE　국경일에 관한 법률 〈제2조〉에 보면 국경일에는 3 · 1절, 제헌절, 광복절, 개천절, 한글날 등이 있다.

● answer　28.① 29.② 30.②

기후 및 지리

02

01 기후 및 교통

(1) 기후

① **기후** … 어느 한 지역에서 오랜 기간에 걸쳐서 나타나게 되는 지속적이면서 평균적인 대기상태를 말한다.
    예 바람, 기온, 강수량

② **우리나라 기후의 특징**

ㄱ **4계절** : 봄, 여름, 가을, 겨울 등의 변화가 뚜렷하다.

ㄴ **여름** : 적도 부근에서의 태평양에서 불어오는 더운 바람의 영향으로 인해 덥고 동시에 많은 비가 내린다.

ㄷ **겨울** : 시베리아에서 불어오는 차가운 바람의 영향으로 인해 춥고 동시에 건조하다.

③ **먹는 음식을 계절에 따라 분류**

사계절	봄	냉이, 달래, 쑥, 딸기 등
	여름	수박, 아이스크림, 냉면, 화채, 삼계탕, 빙수 등
	가을	사과, 배, 감, 대추, 송편 등
	겨울	김장 김치, 군밤, 군고구마, 떡국, 팥죽 등

④ **입는 옷을 계절에 따라 분류**

사계절	봄	얇은 긴 소매 옷, 황사 마스크 등
	여름	짧은 소매 옷, 반바지, 선글라스, 샌들 등
	가을	긴 소매 옷, 얇은 외투 등
	겨울	두꺼운 털옷, 내복, 장갑, 목도리 등

⑤ **놀이를 계절에 따라 분류**

사계절	봄	공원 산책하기, 꽃 구경 하기 등
	여름	바다나 계곡에서 물놀이 하기 등
	가을	강강술래, 단풍구경 하기, 운동회 등
	겨울	눈썰매 타기, 스키 타기, 눈사람 만들기 등

⑥ **우리나라 자연재해의 종류**

㉠ **집중호우** : 주로 장마철이나 태풍이 지나가는 여름에 발생하는 것으로 많은 비를 뿌린다.

• 홍수가 발생한다.

• 하천이 범람한다.

• 폭우로 인해 비닐하우스 · 축사의 붕괴, 교통 통제 등이 일어난다.

 사진·그림으로 보는 대한민국

㉡ **태풍** : 수증기들이 태풍의 중심으로 몰리며, 거센 바람과 폭우가 발생하게 되는 것을 말한다.

• 강한 바람으로 인해 선박이나 또는 항구시설 파손이 발생하고 해일로 인해 물에 잠긴다.

• 농경지가 물에 잠기고, 바람으로 인해 과일이 떨어진다.

• 교통 및 통신시설이 끊기며, 가로수가 넘어진다.

ⓒ **가뭄** : 심한 강수량 부족으로 인해서 농사 등에 피해를 주게 되는 기상재해를 말한다.
- 식수 및 생활용수가 부족하게 된다.
- 논농사에 물이 말라 어려움을 겪게 된다.
- 수질 또한 나빠져 수력 발전량의 감소를 초래한다.
- 나무 및 풀 등이 말라 산불발생이 쉬워진다.

ⓔ **황사** : 중국 사막에서의 먼지가 편서풍을 타고 우리나라로 유입되는 것을 말한다.
- 호흡기 및 안구질환 등을 일으킨다.
- 농작물의 성장을 방해한다.
- 항공기 이착륙 등에 지장을 초래한다.

ⓜ **폭설** : 한 번에 많은 양의 눈이 내리는 것을 말한다.

(2) 교통

① **항공사**

ⓐ 항공사는 공인된 운항 증명이나 또는 면허 등을 가지고 여객 및 화물에 대해 항공 운송 서비스를 제공하는 회사를 말한다.

ⓑ 항공사의 규모는 다양해서 작게는 한 대의 항공기를 활용해 화물이나 또는 우편 운송 등을 하는 항공사부터, 크게는 수백 대의 항공기를 보유한 풀 서비스 항공사까지 다양하다.

ⓒ **인천국제공항** : 21세기 수도권 항공운송의 수요를 분담하고 동북아시아의 허브 공항으로서의 역할을 담당하기 위해, 영종도와 용유도 사이를 매입하여 1992년 착공하여 8년 4개월 만에 총공사비 7조 8,000여억 원이 투입되어 2001년 3월 29일 개장하였다.

✔ 우리나라 인천국제공항이 있는 섬은 영종도이다.

ⓔ 김포국제공항 : 우리나라 제1의 국제공항이었으나 인천국제공항의 개장으로 인해 2015년 현재 국내선은 김해·제주·광주·울산·여수·사천 노선 등이 운항되고, 국제선은 서울↔도쿄, 서울↔오사카, 서울↔타이페이, 서울↔베이징, 서울↔상하이 노선 등이 운항되고 있다.

ⓜ 김해국제공항 : 우리나라의 항공여객 및 화물 등을 수송하는 기능을 맡고 있으며, 국내선 및 국제선 항공기가 취항하고 있다.

ⓗ 청주국제공항

• 1978년 9월 공군 비행장으로 개장하였다.

• 1984년에 국제공항 건설 계획이 결정되어 1996년 12월 공사를 완공하였으며, 1997년 4월 28일 청주국제공항이라는 명칭으로 개장하였다.

• 1997년부터 한국공항공사 청주지사가 공항을 관리 운영하고 있다. 2015년 중국 상하이 푸둥·베이징·하얼빈 등으로 국제선이 연결되고 국내선은 제주 노선이 운항된다.

② **고속도로**

㉠ 주요 도시와 거점을 연결하는 고속교통용 자동차 전용도로를 말한다.

2017년 출제

☑ 다음 중 서울에서부터 부산까지 이어주는 고속도로는?

① 남해고속도로
② 중부고속도로
③ 서해안고속도르
④ 경부고속도로

정답 ④

ⓛ 우리나라의 주요 고속도로 현황

남북측 노선	
🛡️ 경부선	부산 – 서울
🛡️ 서해안선	목포 – 서울
🛡️ 서천 – 공주선	서천 – 공주
🛡️ 호남선 논산 – 순천선	논산 – 서순천
🛡️ 중부선 통영 – 대전선	통영 – 하남
🛡️ 제2중부선	이천 – 하남
🛡️ 중부내륙선	마산 – 양평
🛡️ 중앙선	부산 – 춘천
🛡️ 동해선	동해 – 속초

동서측 노선	
🛡️ 남해선	순천 – 부산
🛡️ 88올림픽선	담양 – 대구
🛡️ 고창 – 담양선	고창 – 담양
🛡️ 울산선	울산 – 울산
🛡️ 익산 – 포항선	익산 – 포항
🛡️ 당진 – 상주선	당진 – 상주
🛡️ 평택 – 음성선	평택 – 음성
🛡️ 영동선	인천 – 강릉

순환선 지선		
100 서울외곽순환선	판교 – 판교	
104 남해 2지선	김해 – 부산	
110 제2경인선	인천 – 안양	
120 경인선	인천 – 서울	
130 인천국제공항선	인천 – 고양	
251 호남선의 지선	논산 – 대전	
300 대전남부순환선	대전 – 대전	
451 구마선	현풍 – 대구	
551 중앙선외 지선	김해 – 양산	

③ **지하철**

㉠ 고속전철 체계에 의해 도심지의 일부, 또는 전부가 지하의 전용 차선으로 운행되는 도시전철을 말한다.

㉡ 우리나라는 현재 수도권(1~9호선, 분당선, 인천 1·2호선, 분당선, 신분당선, 경강선, 우이신설선, 서해선, 경의중앙선, 경춘선, 공항선, 김포골드선, 수인선, 의정부선, 에버라인선), 부산 지하철(1~4호선, 동해선, 부산–김해 경전철), 대구 지하철(1~3호선), 광주 지하철(1호선), 대전 지하철(1호선) 등이 있다.

④ **철도**

㉠ 침목과 철제 시설로 궤도를 구성한 후에 그 위로 차량을 이용해 사람이나 물건 등을 운송하는 육상 운송 기관을 말한다.

㉡ 경인선은 1899년 9월 18일 개통된 우리나라 최초의 철도로, 노량진에서 제물포까지를 연결한다.

㉢ KTX(한국고속철도), SRT : 우리나라에서 운행 중인 고속열차이다.

㉣ **새마을호** : 새마을호는 한국철도공사의 중장거리 열차 등급 이름이다.

㉤ **무궁화호** : 1980년에 도입된 우등형 전기 동차의 운행 개시에 맞추어 새마을호와 특급의 중간 등급으로 우등을 신설한 것을 시작으로, 1984년 1월 1일에 무궁화호로 개칭하였다.

㉥ GTX : 수도권 외곽에서 서울 도심의 주요 거점을 연결하는 수도권 광역급행철도이다.

02 자연환경

(1) 우리나라 지형의 특징

① **지형** ··· 산, 강, 평야, 해안 등과 같은 땅의 모양을 말한다.

② **우리나라 국토의 지형적인 특징**

ㄱ 우리 국토는 약 70%가 산지로 이루어져 있으며 북쪽 및 동쪽에는 높고 험한 산이 많다.

ㄴ 산지의 여러 산은 연속적으로 이어져 산맥을 이루고 있다.

ㄷ 우리나라에서 가장 높은 북쪽의 백두산에서 시작된 산맥은 금강산, 설악산 등을 지나 남쪽 지리산까지 이어진다.

ㄹ 큰 산맥에서 나온 작은 산맥들이 서쪽을 향해 뻗어나가며 점점 낮아져서 동쪽은 높고 서쪽으로는 낮은 지형이 나타난다.

③ **우리나라 산, 강, 평야의 위치**

ㄱ 산

- 북쪽과 동쪽에 높고 험한 산이 많다.
- 백두산은 북쪽에 금강산과 설악산, 태백산은 동쪽에 지리산은 남쪽에 있다.

ㄴ 강

- 대부분 강이 남쪽(남해)와 서쪽(황해)으로 흐른다.
- 압록강, 대동강, 금강, 한강, 영산강은 황해로, 낙동강은 남해로 흐른다.

ㄷ 평야

- 강의 하류인 남쪽 및 서쪽 등에 넓은 평야가 있다.
- 김포평야와 논산평야는 서쪽, 나주평야는 남서쪽, 김해평야는 남쪽에 있다.

2018년 출제

☑ 다음 중 우리나라에서 가장 큰 산맥은 무엇입니까?

① 태백산맥

② 추풍령산맥

③ 묘향산맥

④ 낭림산맥

정답 ①

④ **동쪽으로는 높고 서쪽으로는 낮은 우리국토**

   ㉠ 우리나라는 동쪽이 서쪽보다 높은 관계로 북쪽 및 동쪽의 산에서 시작된 강은 주로 남쪽과 서쪽으로 흐른다.

   ㉡ 강의 하류인 남쪽 및 서쪽으로 갈수록 강의 폭이 넓어지고 물의 흐름이 느려져 넓은 평야가 나타난다.

(2) 각 지역의 특징(특별시, 광역시, 특별자치시를 중심으로)

① **서울특별시**

   ㉠ 인구, 산업 및 행정의 중심지이다.

   ㉡ 지식정보 산업이 발달하였다.

   ㉢ 패션, 의류 산업이 발달하였다.

② **부산광역시**

   ㉠ 세계적인 무역항이다.

   ㉡ 경제자유구역(2003년 지정) - 진해, 부산

   ㉢ 과거에는 신발 산업의 중심지였다.

   ㉣ 1990년대 말부터 운송장비 공업이 발달하였다.

③ **인천광역시**

   ㉠ 경제자유구역(2003년 지정)

   ㉡ 항공교통발달(인천국제공항)

   ㉢ 제철공업 및 자동차 공업발달

④ **대구광역시**

   ㉠ 섬유산업의 쇠퇴(1960년대~1980년대 중반까지 대표적인 수출산업)

   ㉡ 경제자유구역(2008년 지정)

   ㉢ 분지 지형

⑤ **대전광역시**

   ㉠ 육상교통의 중심지(경부선 및 호남선의 분기점)

   ㉡ **첨단산업의 발달** : 대덕연구단지

⑥ **광주광역시** … 자동차 공업발달

⑦ **울산광역시**

　　㉠ 우리나라 최대의 중화학공업도시 – 정유, 조선, 자동차, 석유화학

　　㉡ 대기업 중심 : 1인당 산업 생산량이 많다.

⑧ **세종특별자치시**

　　㉠ 우리나라의 첫 특별자치시

　　㉡ 기초자치단체가 없는 유일한 광역자치단체

(3) 각 지역 특산물

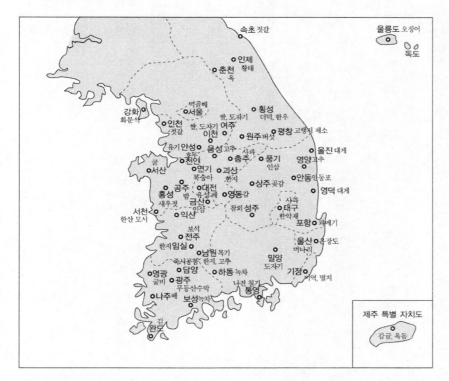

① 특산물은 어떠한 지역에서 생산되는 물건 중 다른 지역보다 더 많이
생산되거나 또는 품질이 뛰어난 물건을 의미한다.

② 특산물은 해당 지역의 자연환경, 자원 등과도 관계가 깊다.

기출문제

매년 출제
☑ 다음 중 독도는 어느 나라의
영토입니까?

① 미국

② 중국

③ 일본

④ 한국

　정답　④

③ 특산물을 통해서 지역 간의 경제적인 교류가 이루어진다.

지역	특산물	지역	특산물	지역	특산물
강화	화문석	서산	굴	임실	한지
금산	인삼	성주	참외	천안	호두
기장	미역	안성	유기	충주	사과
나주	배	영광	굴비	통영	나전 칠기
남원	목기	영덕, 울진	대게	평창	고랭지 채소
담양	죽세공품	완도	김	풍기	인삼
보성	녹차	울릉도	오징어	홍성	새우젓
상주	곶감	이천	쌀, 도자기	횡성	더덕, 한우

02 출제예상문제

01 한 지역에서 오랜 기간에 걸쳐서 나타나게 되는 지속적이면서 평균적인 대기상태를 무엇이라고 합니까?

① 교통　　　　　　　　　　　② 기후
③ 이동　　　　　　　　　　　④ 지리

NOTE 기후는 어느 한 지역에서 오랜 기간에 걸쳐서 나타나게 되는 지속적이면서 평균적인 대기상태를 의미한다.

02 우리나라에서 봄에 주로 먹는 음식이 아닌 것은 무엇입니까?

① 달래　　　　　　　　　　　② 냉이
③ 군밤　　　　　　　　　　　④ 두릅

NOTE 먹는 음식을 계절에 따라 분류

사계절	봄	냉이, 달래, 쑥, 딸기 등
	여름	수박, 아이스크림, 냉면, 화채, 삼계탕, 빙수 등
	가을	사과 ,배, 감, 대추, 송편 등
	겨울	김장 김치, 군밤, 군고구마, 떡국, 팥죽 등

answer 01.② 02.③

03 우리나라에서 겨울에 주로 하는 놀이가 아닌 것은 무엇입니까?

① 스키 타기

② 눈사람 만들기

③ 눈썰매 타기

④ 단풍구경 하기

📝**NOTE** 놀이를 계절에 따라 분류

	봄	공원 산책하기, 꽃 구경 하기 등
사계절	여름	바다나 계곡에서 물놀이 하기 등
	가을	강강술래, 단풍구경 하기, 운동회 등
	겨울	눈썰매 타기, 스키 타기, 눈사람 만들기 등

04 주로 짧은 시간에 좁은 지역에서 많은 양의 비가 내리는 현상을 무엇이라고 합니까?

① 집중호우   ② 가뭄

③ 폭설   ④ 황사

📝**NOTE** 집중호우는 주로 장마철이나 태풍이 지나가는 여름에 발생하는 것으로 많은 비를 뿌린다.

05 비를 동반한 강한 바람을 무엇이라고 합니까?

① 가뭄　　　　　　　　　② 태풍

③ 황사　　　　　　　　　④ 폭설

> **NOTE** 태풍은 수증기들이 태풍의 중심으로 몰리며, 거센 바람과 폭우가 발생하게 되는 것을 의미한다.

06 다음 중 오랫동안 비가 오지 않아 강수량이 비정상적으로 감소된 상황을 무엇이라고 합니까?

① 해일　　　　　　　　　② 태풍

③ 가뭄　　　　　　　　　④ 홍수

> **NOTE** 가뭄은 심한 강수량 부족으로 인해서 농사 등에 피해를 주게 되는 기상재해이다.

07 다음 중 바람에 의해서 하늘 높이 불어 올라간 미세한 모래먼지가 대기 중에 퍼져서 하늘을 덮었다가 서서히 떨어지는 현상을 무엇이라고 합니까?

① 폭설　　　　　　　　　② 폭풍

③ 황사　　　　　　　　　④ 해일

> **NOTE** 황사는 중국 사막에서의 먼지가 편서풍을 타고 우리나라로 유입되는 것을 의미한다.

08 한번에 눈이 많이 내리는 것을 무엇이라고 합니까?

① 태풍   ② 가뭄

③ 해일   ④ 폭설

> **NOTE** 폭설은 한 번에 많은 양의 눈이 내리는 것을 의미한다.

09 다음 중 신호등이나 별도의 지시 장치 없이 자동차를 운전자의 습관만으로 운행할 수 있는 도로를 무엇이라고 합니까?

① 국도   ② 고속도로

③ 해안도로   ④ 지방도로

> **NOTE** 고속도로는 주요 도시와 거점을 연결하는 고속교통용 자동차 전용도로를 의미하며, 신호등이나 별도의 지시 장치 없이 자동차를 운전자의 습관만으로 운행할 수 있는 도로이다.

10 시가지에서 도로 등과의 평면 교차를 피하고, 정시성이 높은 효율적인 대량 수송을 확보하기 위하여 지하에 부설된 교통수단을 무엇이라고 합니까?

① 지하철   ② 항공기

③ 선박   ④ 자전거

> **NOTE** 지하철은 도심지의 일부, 또는 전부가 지하의 전용차선으로 운행되는 도시전철을 의미한다.

11 우리나라에서 운행 중인 시속 300km 열차는 무엇입니까?

① 무궁화호   ② ITX-새마을호

③ ITX   ④ KTX

> **NOTE**   KTX는 SRT와 더불어서 현재 우리나라에서 운행 중인 고속열차이다.

12 인구, 산업 및 행정의 중심지이며, 지식정보 산업이 발달한 도시는 어디입니까?

① 부산광역시   ② 대구광역시

③ 서울특별시   ④ 광주광역시

> **NOTE**   서울특별시는 인구, 산업 및 행정의 중심지이며, 지식정보 산업이 발달하였고 패션, 의류 산업의 중심지이다.

13 세계적인 무역항이며, 과거에는 신발 산업의 중심지였던 우리나라의 도시는 어디입니까?

① 대전광역시   ② 부산광역시

③ 광주광역시   ④ 울산광역시

> **NOTE**   부산광역시는 세계적인 무역항이며, 과거에는 신발 산업의 중심지임과 동시에 1990년대 말부터 운송장비 공업이 발달하였다.

ⓞ answer   11.④   12.③   13.②

14 분지 지형을 이루고 있으며, 2008년에 경제자유구역으로 지정된 도시는 어디입니까?

① 광주광역시   ② 부산광역시

③ 대전광역시   ④ 대구광역시

> **NOTE** 대구광역시는 분지 지형을 이루고 있으며, 2008년에는 경제자유구역으로 지정된 도시이다.

15 다음 중 경부선 및 호남선의 분기점이며, 첨단산업이 발달한 도시는 어디입니까?

① 광주광역시   ② 인천광역시

③ 대전광역시   ④ 울산광역시

> **NOTE** 대전광역시는 대덕연구단지 등의 첨단산업이 발달하였고, 육상교통의 중심지이다.

16 다음 중 우리나라 최대의 중화학공업도시는 어디입니까?

① 인천광역시   ② 대구광역시

③ 울산광역시   ④ 대전광역시

> **NOTE** 울산광역시는 우리나라 최대의 중화학공업도시이며, 1인당 산업 생산량이 많다.

answer   14.④   15.③   16.③

17 다음 중 대한민국에 있는 강이 아닌 것은 무엇입니까?

① 낙동강　　　　　　　　　　② 금강
③ 한강　　　　　　　　　　　④ 황화강

> NOTE ④ 황화강은 중국 북부를 서에서 동으로 흐르는 중국 제2의 강이다.

18 다음 중 우리나라 지형의 특징으로 옳지 않은 것을 고르시오.

① 국토의 약 70%가 산지로 이루어져 있다.
② 북쪽 및 동쪽에는 높고 험한 산이 많다.
③ 대부분의 강이 동쪽으로 흐른다.
④ 남쪽과 서쪽으로 넓은 평야가 있다.

> NOTE 우리나라의 지형은 동쪽과 북쪽이 높고 남쪽과 서쪽이 낮아 대부분의 강이 남쪽과 서쪽으로 흐른다.

19 다음 중 보성의 특산물은 무엇입니까?

① 화문석　　　　　　　　　　② 인삼

③ 참외　　　　　　　　　　　④ 녹차

> **NOTE** 보성의 특산물은 녹차이다.
> ① 강화의 특산물이다.
> ② 금산, 풍기 지역의 특산물이다.
> ③ 성주의 특산물이다.

20 다음의 '이 계절'은 무엇입니까?

이 계절에는 삼계탕, 수박, 아이스크림 등을 즐겨 먹고, 바다 및 산 등으로 휴가를 많이 간다.

① 봄　　　　　　　　　　　② 여름

③ 가을　　　　　　　　　　④ 겨울

> **NOTE** 여름에는 더위에 지친 체력을 보강하기 위해 삼계탕 등의 보양식을 먹는다. 또한 더위를 피하기 위해 산이나 바다 등을 찾게 되고 시원한 수박 및 아이스크림 등을 즐겨 먹게 된다.

answer 19.④ 20.②

01 국민을 위한 복지

(1) 한국의 사회보험

① **개념** : 한국의 사회보험은 적절한 의료 서비스를 제공받을 수 있도록 도움을 주는 의료보장과 위기 상황에서 필요한 소득을 보장해 주는 소득보장으로 구분된다.

② **사회보험의 종류**

　㉠ **건강보험** : 의료보장 보험으로 질병이나 부상으로 병원을 찾을 경우 병원비의 일부를 지원받을 수 있다.

　㉡ **고용보험** : 소득보장 보험으로 실직 근로자에게 실업급여를 지원하고 재취업을 위한 훈련을 무료로 제공한다.

　㉢ **국민연금** : 소득보장 보험으로 은퇴 이후에 받을 수 있는 연금이다. 평소에 일정액을 납부하면 일정 나이 이후에 연금의 형태로 일정 소득액을 꾸준히 받을 수 있다.

　㉣ **산업재해보상보험**(산재보험) : 의료보장과 소득보장에 모두 해당하며 일을 하다가 생긴 부상, 질병, 장해 그리고 사망에 대해 보상해 준다.

(2) 한국의 공공부조

① **개념**

　㉠ 생계가 어려운 국민에게 생계급여 등의 지원을 통해 국가가 최저 생활을 보장해 주는 제도이다.

　㉡ 사회보험은 보험료를 내고 그 대가를 지급받지만 공공부조는 최소한의 생계유지가 어려운 국민에게 국가가 전적으로 지원을 제공한다.

② 공공부조의 종류에는 국민기초생활보장제도와 의료급여제도가 있다.

(3) 국민기초생활보장

① 개념

㉠ 생활이 어려운 사람들에게 국가가 생계비와 주거비, 교육비, 의료비 등을 제공하여 최저 생활을 보장해 주는 제도이다.

㉡ 법령이 정하는 바에 따라 외국인도 혜택을 받을 수 있다.

② 급여종류

㉠ 생계급여(일반생계급여)는 의복·음식물 및 연료비, 기타 일상생활에 기본적으로 필요한 금품을 지급한다.

㉡ 주거급여는 주거안정에 필요한 임차료, 유지수선비를 현금 또는 현물급여로 제공한다.

㉢ 해산급여는 출산(출산예정 포함) 시 70만 원을 현금으로 지급한다.

㉣ 장제급여는 수급자가 사망했을 때 사망자 1인당 80만 원 정도를 지급한다.

(4) 국민연금

① 개념

㉠ 나이가 들어 생업에 종사할 수 없게 되는 경우와 예기치 못한 장애나 사망의 경우에 대비해 의무적으로 보험료를 납부하고, 노령·장애·사망 시 본인이나 유족에게 연금을 지급하여 생활안정에 기여하고자 국가에서 시행하는 사회보장제도를 말한다.

㉡ 우리나라에 거주하고 있는 외국인은 내국인과 동등하게 국민연금에 가입해야 한다.

② 급여종류

㉠ **노령연금**: 국민연금 가입자가 납부한 금액에 대해서 일정 나이에 도달했을 때 무조건 지급받을 수 있는 제도이다.

㉡ **장애연금** 가입 중에 발생한 질병이나 부상으로 치료 후에도 장애가 남아있는 경우에 장애 정도에 따라 1~3급은 연금으로, 4급은 일시보상금으로 장애연금을 지급받을 수 있다.

ⓒ 유족연금 가입 중 또는 연금을 받고 있던 중에 사망한 때에는 생계를 함께 하고 있던 유족에게 매월 유족연금이 지급된다.

(5) 긴급복지지원

① 개념

ⓐ 갑작스러운 주 소득자의 중한 질병, 사망, 가출, 구금시설 수용, 휴·폐업 등의 위기사유로 인해 생계유지가 곤란한 저소득층에게 생계·의료지원 등 필요한 복지서비스를 신속하게 지원하는 제도를 말한다.

ⓑ 외국인도 일정한 요건에 해당하는 경우 긴급복지지원을 받을 수 있다.

② 적용대상

ⓐ 위기사유
• 중한 질병 또는 부상을 당한 경우
• 가구구성원으로부터 방임, 유기되거나 학대 등을 당한 경우
• 화재 등(화재, 산사태, 풍수해 등 포함)으로 인하여 거주하는 주택 또는 건물에서 생활하기 곤란하게 된 경우
• 가정폭력을 당하여 가구구성원과 함께 원만한 가정생활이 곤란하거나 가구구성원으로부터 성폭력을 당한 경우
• 주 소득자가 사망, 가출, 행방불명, 구금시설에 수용되는 등의 사유로 소득을 상실하고 가구 소득이 최저생계비 이하인 경우

ⓑ 생계유지 등의 곤란은 생계유지 곤란, 의료비 감당 곤란, 주거확보의 곤란 및 사회복지시설 이용 서비스를 필요로 하는 상태를 말한다.

✔ 국민기초생활보장은 법령에 따라 외국인도 혜택을 받을 수 있다.

(6) 자활근로사업

① 개념

　㉠ 일할 능력은 있으나 일자리, 기술, 자금 등의 부족으로 일할 기회를 찾지 못해 생활이 어려운 분들에게 일할 기회를 제공하는 제도를 말한다.

　㉡ 이에 관련한 내용은 가까운 지역자활센터로 문의해야 한다.

② 근로조건

　㉠ 1주 근무일 및 1일 근무시간은 대상자의 근로능력 및 여건을 고려하여 결정된다.

　㉡ 1일 5~8시간, 1주 5일 근무에 1일 임금이 27,800~57,930원이다.

(7) 출산 · 보육정책

① **출산지원금** : 2022년 1월 1일부터 출생하는 아이들에게 첫만남이용권이라는 이름으로 출산지원금을 지급

② **임신 · 출산진료비** : 임신한 여성에게 임신출산진료비 바우처를 제공

③ **부모급여**(영아수당 명칭 변경) : 출산 및 양육으로 인한 경제적 부담을 경감하고, 집중 돌봄을 지원하기 위한 복지서비스로 만 0세~1세까지의 모든 영아들에게 매월 지원

④ **양육수당** : 어린이집이나 종일제 돌봄서비스를 이용하지 않는 만 2세~7세 미만의 아동에게 매월 지원

⑤ **아동수당** : 양육수당과 별개로 만 8세 미만의 아동에게 매월 지원

⑥ **시간제보육** : 가정양육 가구(가정 양육수당 수급 중)가 긴급 · 일시적으로 보육시설 이용이 필요한 경우 필요한 시간만큼 시간당 일정 비용을 지불하고 이용하는 보육서비스

⑦ **보육전자바우처 도입** : 보육 정책의 체감도를 높이고 수요자 중심 보육정책을 실현하기 위하여, 보육료를 어린이집에 지급하는 대신에 전자카드 형태로 부모에게 직접 지급하여 어린이집을 이용하면서 결제하도록 하는 보육전자바우처

02 기타 상식

(1) 긴급 및 생활정보 전화번호

내용	전화번호	관련기관
간첩신고	111	국가정보원
간첩신고	113	경찰청
범죄신고	112	경찰청
화재, 구급, 구조, 재난신고 및 응급의료와 병원 정보	119	119안전신고센터
마약범죄 종합신고	1301	검찰청
간첩, 군사기밀, 방산 스파이 신고	1337	군사안보지원사령부
사이버테러	118	한국인터넷진흥원
해양긴급신고	122	행정안전부
밀수사범신고	125	관세청
전화번호 안내	114	KT
세계시각 안내	116	KT
서울 120 콜센터	02-120	다산 콜센터

✓ 상담 전화번호
• 실종 아동찾기 : 182
• 가정폭력, 성폭력, 성매매긴급전
  화상담 및 보호 : 1366
• 아이돌봄 신청, 돌보미 자원 안내
  : 1577-2514

경기 120 콜센터	031-120	경기도 콜센터
인천 120 콜센터	032-120	미추홀 콜센터
부산 120 콜센터	051-120	부산민원 120
우체국민원 안내	1588-1300	우정사업본부
일기예보 안내	131	한국기상산업기술원
교통정보 안내	1333	국토교통부
관광정보 안내	1330	한국관광공사
107 손말이음센터	107	한국정보화진흥원
학교폭력근절	117	아동·여성·장애인 경찰지원센터
전기고장 신고	123	한국전력공사
범죄피해자 지원콜	1577-2584	대검찰청
환경오염 신고	128	환경부
보건복지 콜센터	129	보건복지부
법률상담	132	대한법률구조공단
인권침해 상담	1331	국가인권위원회
금융민원 상담	1332	금융감독원
주민등록 진위확인	1382	행정안전부
노동법령 및 제도상담	1350	고용노동부
국민연금 상담	1355	국민연금공단
부정, 불량식품 신고	1399	식품의약품안전처

(2) 가족관계

① **증손자**(Great-Grandson) ··· 증조부모와 그들의 아들/딸의 손자 간의 관계

② **증조할머니 / 증조모**(Great-Grandmother) ··· 어린이와 그 어린이의 할머니/할아버지의 어머니 간의 관계

③ **증손자손녀**(Great-Grandchildren) ··· 증조부모와 그들 손자의 아이들 간의 관계

④ **증조부모**(Great-Grandparents) ··· 어린이와 그 어린이 조부모의 부모 간의 관계

⑤ **아들**(Son) ··· 아버지/어머니와 남자아이 간의 관계

⑥ **증손녀**(Great-Granddaughter) ··· 증조부모와 그들 아들/딸의 손녀 간의 관계

⑦ **증조할아버지 / 증조부**(Great-Grandfather) ··· 어린이와 그 어린이의 할머니 또는 할아버지의 아버지 간의 관계

⑧ **아버지**(Father) ··· 어린이와 그 어린이의 남자 어버이 간의 관계

⑨ **어머니**(Mother) ··· 어린이와 그 어린이의 여자 어버이 간의 관계

⑩ **딸**(Daughter) ··· 아버지/어머니와 여자아이 간의 관계

⑪ **손자**(Grandson) ··· 할아버지/할머니와 그들의 아들/딸의 아들 간의 관계

⑫ **손주**(Grandchildren) ··· 할아버지/할머니와 그들의 아들/딸의 아들 또는 딸 간의 관계

⑬ **손녀**(Granddaughter) ··· 할아버지/할머니와 그들의 아들/딸의 딸 간의 관계

⑭ **사위**(Son-In-Law) ··· 딸의 부모와 딸의 남편 간의 관계

⑮ **며느리**(Daughter-In-Law) ··· 아들의 부모와 아들의 아내 간 관계

⑯ **할아버지**(Grandfather) ··· 어린이와 그 어린이 부모의 아버지 간의 관계

⑰ **조부모**(Grandparents) ··· 어린이와 그 어린이 부모의 부모 간의 관계

⑱ **할머니**(Grandmother) … 어린이와 그 어린이 부모의 어머니 간의 관계

⑲ **부모**(Parents) … 어린이의 아버지와 어머니

⑳ **시아버지 / 장인**(Father-In-Law) … 남편/아내와 상대 배우자 아버지 간의 관계

㉑ **시어머니 / 장모**(Mother-In-Law) … 남편/아내와 상대 배우자 어머니 간의 관계

㉒ **시부모 / 처부모**(Parents-In-Law) … 남편/아내와 상대방 부모간의 관계

㉓ **고모**(Paternal Aunt) … 어린이와 그 어린이 아버지의 여자 형제간의 관계

㉔ **종형제**(Cousin) … 어린이와 그 어린이의 (외)삼촌 또는 고모/이모의 아들 또는 딸 간의 관계

㉕ **형제**(Brothers) … 같은 부모를 가진 두 남자아이 간의 관계

㉖ **시숙**(Brother-In-Law) … 남편/아내와 상대 배우자의 남자 형제간의 관계

㉗ **삼촌**(Paternal Uncle) … 어린이와 그 어린이의 아버지 남자 형제간의 관계

㉘ **조카**(Nephew) … 남자 어린이와 그 어린이의 이모/고모 또는 (외)삼촌 간의 관계

㉙ **남편**(Husband) … 아내와 그녀의 배우자 간 관계

㉚ **형제**(Brother) … 같은 부모를 가진 남자/여자 어린이와 남자 어린이 간의 관계

㉛ **자식**(Children) … 부모의 아들 또는 딸

㉜ **아내**(Wife) … 남편과 배우자 간의 관계

㉝ **시누이 / 처형**(Sisters-In-Law) … 남편/아내와 배우자의 여자 형제 간 관계

㉞ **외삼촌**(Maternal Uncle) … 어린이와 그 어린이 어머니의 남자 형제 간의 관계

㉟ **이모**(Maternal Aunt) … 어린이와 그 어린이의 어머니 여자 형제간의 관계

친가

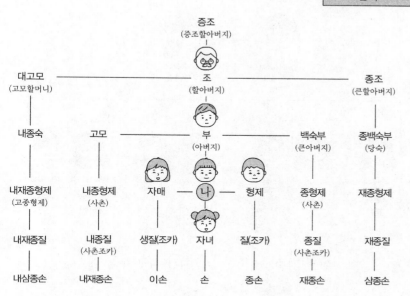

```
                                증조
                            (증조할아버지)

대고모 ──────────────── 조 ──────────────── 종조
(고모할머니)                (할아버지)            (큰할아버지)

내종숙        고모          부          백숙부        종백숙부
                         (아버지)       (큰아버지)       (당숙)

내재종형제    내종형제    자매 ─ 나 ─ 형제    종형제        재종형제
(고종형제)    (사촌)                       (사촌)

내재종질    내종질    생질(조카)  자녀   질(조카)  종질       재종질
          (사촌조카)                            (사촌조카)

내삼종손    내재종손    이손    손    종손    재종손       삼종손
```

외가

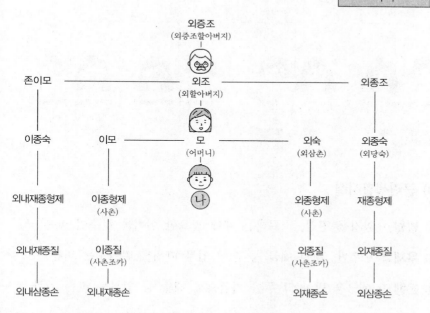

```
                              외증조
                          (외증조할아버지)

존이모 ──────────────── 외조 ──────────────── 외종조
                        (외할아버지)

이종숙        이모 ──── 모 ──── 외숙        외종숙
                      (어머니)    (외삼촌)      (외당숙)

외내재종형제   이종형제    나    외종형제      재종형제
            (사촌)           (사촌)

외내재종질    이종질        외종질        외재종질
           (사촌조카)      (사촌조카)

외내삼종손    외내재종손    외재종손      외삼종손
```

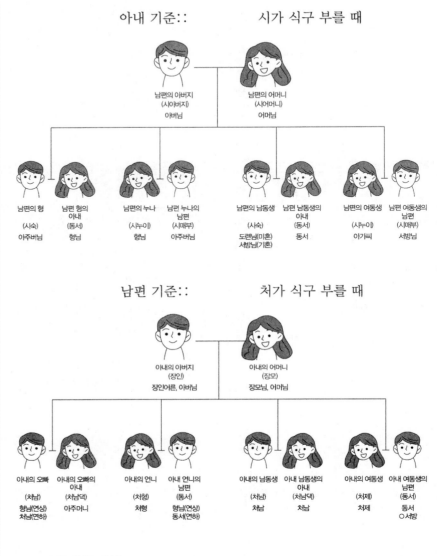

아내 기준:: 　　　　시가 식구 부를 때

남편의 아버지
(시아버지)
아버님　　남편의 어머니
(시어머니)
어머님

남편의 형
(시숙)
아주버님　　남편 형의
아내
(동서)
형님　　남편의 누나
(시누이)
형님　　남편 누나의
남편
(시매부)
아주버님　　남편의 남동생
(시숙)
도련님(미혼)
서방님(기혼)　　남편 남동생의
아내
(동서)
동서　　남편의 여동생
(시누이)
아가씨　　남편 여동생의
남편
(시매부)
서방님

남편 기준:: 　　　　처가 식구 부를 때

아내의 아버지
(장인)
장인어른, 아버님　　아내의 어머니
(장모)
장모님, 어머님

아내의 오빠
(처남)
형님(연상)
처남(연하)　　아내의 오빠의
아내
(처남댁)
아주머니　　아내의 언니
(처형)
처형　　아내 언니의
남편
(동서)
형님(연상)
동서(연하)　　아내의 남동생
(처남)
처남　　아내 남동생의
아내
(처남댁)
처남　　아내의 여동생
(처제)
처제　　아내 여동생의
남편
(동서)
동서
○서방

(3) 근린생활시설

① **병원** ⋯ 환자를 진찰, 치료하는 데에 필요한 설비를 갖추어 놓은 곳

② **우체국** ⋯ 우편, 체신 예금 등 수탁 업무 따위를 맡아보는 기관

③ **은행** ⋯ 예금을 받아 그 돈을 자금으로 대출 등 업무를 하는 기관

④ **도서관** ⋯ 온갖 종류의 도서, 기록, 출판물 따위의 자료를 모아 두고
일반인이 볼 수 있도록 한 시설

⑤ **지구대** … 경찰서의 관할 지역 안에 있는 동마다 경찰관을 파견하여 일차적인 업무를 처리하도록 만든 곳

⑥ **보건소** … 공중 보건을 향상시키기 위하여 설치한 공공 의료 기관

⑦ **주민센터** … 지역 주민들의 행정 업무와 민원 업무를 처리하는 지방 행정기관

⑧ **미용실** … 파마, 커트 등 미용술을 실시하여 남성·여성의 용모, 두 발을 아름답게 해 주는 곳

⑨ **목욕탕** … 목욕을 할 수 있도록 마련해 놓은 시설

⑩ **학교** … 교사가 계속적으로 학생들에게 교육을 실시하는 기관

03 세계문화유산

(1) 개요

① 세계문화유산은 인류 전체를 위해서 보호되어야 할 현저한 보편적인 가치를 지니고 있다고 인정되어 유네스코 세계문화유산 일람표에 등록한 문화재를 말한다.

② 유네스코는 세계유산이 특정 소재지와는 관계없이 보편적인 가치를 지니고 있다고 여기고 이러한 자연유산 및 문화유산들의 발굴 및 보호, 또는 보존하고자 1972년에 세계 문화 및 자연유산 보호 협약을 채택하였다.

③ 우리나라의 경우에는 2015년을 기준으로 종묘(1995), 해인사 장경판전(1995), 불국사 및 석굴암(1995), 창덕궁(1997), 수원화성(1997), 경주 역사 유적지구(2000), 고창-화순-강화 고인돌 유적(2000), 제주 화산섬 및 용암 동굴(2007), 조선 왕릉 40기(2009), 하회·양동마을(2010), 남한산성(2014), 백제 역사유적지구(2015), 산지승원(7개 사찰 : 통도사, 부석사, 봉정사, 법주사, 마곡사, 선암사, 대흥사 등 : 2018)이 세계유산에 등재되어 있다.

(2) 무형문화재 및 유형문화재

① 무형문화재

ㄱ 형태로 헤아릴 수 없는 문화적 소산으로서 역사상 또는 예술상 가치가 높은 것을 말한다.

ㄴ 음악, 무용, 연극, 공예기술 및 놀이 등의 물질적으로 보존할 수 없는 문화재 전반을 의미한다.

② 유형문화재

ㄱ 건조물, 회화, 조각, 공예품, 서적, 서예 등의 일정한 형태를 갖춘 것으로써, 역사적·예술적인 가치가 높은 것을 의미한다.

ㄴ 특히 유형문화재 중에서 중요한 것은 보물로 지정하고, 그러한 보물 가운데 더욱 높은 가치를 지닌 것을 국보로 지정한다.

(3) 세계문화유산

① 창덕궁

ㄱ 창덕궁은 서울특별시 종로구에 위치한 조선시대의 궁궐이다. 건축과 조경이 잘 조화된 종합 환경디자인 사례이면서 동시에 한국적인 공간 분위기를 읽게 하는 중요한 문화유산이다.

ㄴ 또한, 자연의 지형을 활용해서 건물을 세운 까닭에 궁궐 건축의 전형적인 격식에서 벗어나 주변의 환경과도 뛰어난 조화를 이루는 특징을 지니고 있다.

✔ 창덕궁은 세계문화유산으로 지정되어 있는 우리의 문화유산이다.

 사진·그림으로 보는 대한민국

② **불국사 및 석굴암**

　㉠ 불국사 : 통일신라 경덕왕(751년) 때 김대성이 석굴암과 함께 창
　　　건해 신라 혜공왕(774년) 때 완공한 경주 토함산 서쪽 중턱의
　　　경사진 곳에 자리하고 있는 사찰을 말한다. 이러한 불국사는 이
　　　상적인 극락세계 등의 불교사상 및 교리를 사찰 건축물로 잘 형
　　　상화해서 장대하면서도 화려하게 구성한 대표적인 유물이다.

✓ **서울의 4대문**
동대문(흥인지문)
서대문(돈의문)
남대문(숭례문)
북문(숙청문)

　㉡ 석굴암 : 통일신라시대에 경주 토함산에 세워진 한국의 대표적인
　　　석굴사찰이다. 또한, 신라인들의 신앙과 염원, 뛰어난 건축미,
　　　성숙한 조각기법 등을 보여주는 역사 유적이다.

③ **해인사 장경판전**

　㉠ 경상남도 합천군 가야산에 있는 해인사 장경판전은 13세기에 제
　　　작된 팔만대장경을 봉안하기 위해 지어진 목판 보관용의 건축물
　　　이다. (국보 제32호)

ⓛ 처음부터 대장경을 보관하기 위한 건물로 지어졌으며, 창건 당시의 원형이 그대로 보존되어 있다.

④ **수원화성**

㉠ 정조는 아버지 사도 세자의 묘를 수원으로 옮기고, 수원에 새로운 계획도시를 건설하려 했고 그 이름을 '화성'이라 하였다.

ⓛ 화성은 길이 6km로 이루어진 성곽으로 둘러싸여 있으며, 그 안의 모든 건축물이 과학적이고 합리적이며 다양한 디자인으로 구성되어 있어 그 가치를 인정받고 있다.

⑤ **종묘** … 조선시대 역대의 왕과 왕비 및 추존된 왕과 왕비의 신주를 모신 왕가의 사당을 말한다.

⑥ **제주 화산섬과 용암동굴**

㉠ 제주도 화산지형의 빼어난 자연경관, 지질학적 중요성 및 독특하면서도 풍부한 생태계가 그 가치를 인정받아서 대한민국 최초로 세계자연유산으로 등재된 곳을 말한다.

㉡ 한반도 남서 해상, 제주도에 위치한 한국 최초의 세계자연유산지구로 한라산 천연보호구역, 거문 오름 용암동굴계, 성산일출봉 응회환 3개 구역으로 구성되어 있다.

⑦ **고창, 화순, 강화의 고인돌 유적**

㉠ 우리나라의 고인돌은 거대한 바위를 활용해서 만들어진 선사시대 거석기념물로 무덤의 일종이며, 고창, 화순, 강화 세 지역에 나뉘어 분포하고 있다.

㉡ 한 지역에 수백 기 이상의 고인돌이 집중적으로 분포하고 있고, 형식의 다양성 및 밀집도 면에서 보았을 때 세계적으로 그 유례를 찾기 어렵다. 이러한 3지역의 고인돌은 고인돌 문화의 형성과정과 더불어 한국 청동기 시대의 사회구조 및 동북아시아 선사시대의 문화 교류를 연구하는 데 있어 상당히 중요한 유산이다.

⑧ **하회와 양동마을**

㉠ 하회마을 및 양동마을은 모두 수백 년 동안 씨족 사회의 전통을 이어 온 곳이다.

㉡ 또한, 양동마을 및 하회마을은 혈연으로 맺어진 씨족 집성촌이다.

㉢ 더불어서 같은 성씨의 친척들이 서로 모여 농사도 짓고 학문을 배우며, 연구하고 수백 년 동안 마을을 지키며 살아오고 있다.

⑨ **조선왕릉**

㉠ 조선왕릉은 오늘날까지 돌아가신 왕을 모셔온 제례의식이 이어지고 있는 곳이다.

㉡ 조선 왕조의 무덤은 총 119기인데 그 중 임금과 왕비가 잠들어 있는 왕릉은 42기이다. 42기의 왕릉 중 40기가 2009년 세계문화유산으로 등록되었다. 하지만, 나머지는 옛 고려의 도읍지 개성에 있는 2기로 북쪽에 있어 함께 등록되지는 못했다.

⑩ **경주 역사 지구**

㉠ 경주 역사 지구에는 조각, 탑, 사지, 궁궐지, 왕릉, 산성 등을 비롯해서 신라 시대의 여러 가지 뛰어난 불교 유적 및 생활 유적 등이 집중적으로 분포되어 있다.

㉡ 경주는 신라의 수도로서 1,000년 역사를 간직하고 있고, 신라인의 생활 문화 및 예술 감각 등을 잘 보여 주는 곳이기도 하다.

⑪ **남한산성**

㉠ 조선시대 유사시를 대비하여 임시 수도로서의 역할을 담당하도록 건설된 산성이다.

㉡ 2014년 등재되었다.

⑫ **백제 역사유적지구**

㉠ 충청남도 공주시와 부여군, 전라북도 익산시에 분포하는 삼국시대의 백제와 관련된 역사 유적이다.

㉡ 2015년 유네스코 세계문화유산으로 등재되었다.

⑬ **산사, 한국의 산지승원**

불교 출가자와 신자를 포함한 신앙공동체가 수행과 신앙 및 생활을 유지하고 있는 승원으로 수행이 이루어지는 7개 사찰로 구성되었으며 2018년 유네스코 세계문화유산에 등재되었다.

04 화폐

(1) 화폐

① **화폐 단위** ⋯ 대한민국의 화폐 단위는 원(KRW, won, ₩)을 사용한다.

② **화폐의 종류** ⋯ 작은 단위 가치는 동전을, 큰 액수의 단위는 지폐를 사용하고 있다.

　㉠ 동전 : 현재 사용되는 동전은 10원, 50원, 100원, 500원이 있다.

구분	도안소재	모양
1원 (1992년 6월 발행중단)	무궁화	
5원 (1992년 6월 발행중단)	거북선	
10원	다보탑	
50원	벼이삭	
100원	이순신 장군	
500원	학	

ⓛ 지폐

구분	도안소재		모양
	앞면	뒷면	
1,000원	퇴계이황	정선 '계상정거도'	
5,000원	율곡이이	신사임당 '초충도'	
10,000원	세종대왕	'혼천의', '천상열차분야지도'	
50,000원	신사임당	어몽룡 '월매도', 이정 '풍죽도'	

03 출제예상문제

01 다음 중 생활이 어려운 사람들에게 국가가 생계비와 주거비, 교육비, 의료비 등을 제공하여 최저 생활을 보장해 주는 제도를 무엇이라고 합니까?

① 국민연금제도

② 사학연금제도

③ 유족연금제도

④ 국민기초생활보장제도

📝NOTE 국민기초생활보장제도는 국민 모두가 기본생활은 유지해야 한다는 취지에서 국가가 생활이 어려운 빈곤계층에 최저생계비를 지원하는 제도로서 이는 생활이 어려운 국민에게 국가가 생계, 주거, 교육, 의료 등 기본적인 생활을 보장하고 자활을 조성하기 위한 제도를 말한다.

02 생활이 어려운 저소득층의 산모에게 국가가 출산 전후에 지급하는 급여를 무엇이라고 합니까?

① 생계급여

② 주거급여

③ 해산급여

④ 장제급여

📝NOTE 해산급여는 기초생활수급자로 지원받고 있는 대상자 중 자녀를 출산한 가족에 해산급여를 지원하여 자녀출산에 따른 의료비, 자녀 양육비 등의 목적으로 지원하는 것으로 출산(출산예정 포함) 시에 50만 원을 현금으로 지급하는 제도이다.

answer 01.④ 02.③

03 아래 박스 안의 내용이 설명하고 있는 것은 무엇입니까?

> 이 제도는 의복·음식물 및 연료비, 기타 일상생활에 기본적으로 필요한 금품을 지급하는 제도이다.

① 장제급여 ② 국민연금
③ 생계급여 ④ 해산급여

NOTE 생계급여는 근로 능력이 없는 기초 생활 수급자에게 정부가 매월 지급하는 돈을 의미한다. 기초 생활 수급자일지라도 열여덟 살에서 예순네 살까지에 해당하는 저소득층은 근로 능력의 유무를 판단하여 지급하지만 아동과 노인, 장애인에게는 근로 능력에 상관없이 지급한다.

04 다음 중 수급자가 사망한 때에 장례를 치르는 사람에게 금액을 지급하는 제도를 무엇이라고 합니까?

① 장제급여 ② 해산급여
③ 생계급여 ④ 주거급여

NOTE 장제급여는 생계급여, 주거급여 및 의료급여 중 하나 이상의 급여를 받는 수급자가 사망해 사체의 검안·운반·화장 또는 매장, 그 밖의 장제조치가 필요한 경우에 지급되는 급여이다. 장제급여는 실제로 장제를 실시하는 사람에게 장제에 필요한 비용이 지급되지만, 그 비용을 지급할 수 없거나 비용을 지급하는 것이 적당하지 않다고 인정하는 경우에는 물품을 지급할 수 있다.

answer 03.③ 04.①

05 나이가 들어 생업에 종사할 수 없게 되는 경우와 예기치 못한 장애나 사망의 경우에 대비해 의무적으로 보험료를 납부하고 노령·장애·사망 시 본인이나 유족에게 연금을 지급하여 생활안정에 기여하고자 국가에서 시행하는 사회보장제도를 무엇이라고 합니까?

① 산재보험제도
② 고용보험제도
③ 국민연금제도
④ 사학연금제도

📖**NOTE** 국민연금은 국가에서 시행하는 사회보장제도로써 국민의 노령, 장애 또는 사망에 대하여 연금급여를 실시함으로써 국민의 생활 안정과 복지 증진에 이바지하는 것을 목적으로 하는 제도를 말한다.

06 다음 긴급복지지원의 적용대상 중 위기사유에 해당하지 않는 것은 무엇입니까?

① 가정폭력을 당해 가구구성원과 함께 원만한 가정생활이 곤란한 경우
② 가구구성원으로부터 방임, 유기되지 않거나 학대 등을 당하지 않은 경우
③ 중한 질병 또는 부상을 당한 경우
④ 주 소득자가 사망, 가출, 행방불명, 구금시설에 수용되는 등의 사유로 소득을 상실하고 가구 소득이 최저생계비 이하인 경우

📖**NOTE** ② 가구구성원으로부터 방임, 유기되거나 학대 등을 당한 경우이다.

07 다음 중 2010년 동계 올림픽 피겨 스케이팅 여자 싱글 챔피언, 2009년 세계 선수권 챔피언은 누구입니까?

① 노무현
② 박정희
③ 박세리
④ 김연아

📖**NOTE** 김연아는 2010년 동계 올림픽 여자 싱글 챔피언, 2009년 세계 선수권 챔피언이며, 우리나라 최초의 올림픽 피겨 스케이팅 메달리스트, 세계 선수권 메달리스트이다.

answer 05.③ 06.② 07.④

08 미국여자프로골프(LPGA)에서 활약하고 있는 한국의 여자 프로골퍼이며, 2007년에 한국인 최초로 명예의 전당에 이름을 올린 사람은 누구입니까?

① 박세리   ② 손연재

③ 최상호   ④ 추신수

> NOTE 박세리는 미국여자프로골프(LPGA)에서 활약하고 있는 한국의 여자 프로골퍼이며, 2006년 맥도널드 LPGA 챔피언십에서 우승을 기록했고, 2007년에 한국인 최초로 명예의 전당에 이름을 올렸다.

09 다음 중 한국인으로는 처음으로 2007년 1월 1일부터 유엔 사무총장으로서 업무를 수행하고 있는 사람은 누구입니까?

① 전두환   ② 반기문

③ 박근혜   ④ 문재인

> NOTE 반기문은 유엔 총회에서 제8대 유엔 사무총장으로 공식 임명되었으며, 한국인으로는 처음으로 2007년 1월 1일부터 2016년 12월까지 유엔 사무총장으로서 업무를 수행하였다.

answer 08.① 09.②

10 다음 중 명지휘자 카라얀이 "신이 내린 목소리"라며 극찬을 한 사람은 누구입니까?

① 백지영   ② 하춘화

③ 조수미   ④ 이미자

> 📝NOTE 조수미는 1988년 베르디 오페라 〈가면무도회〉에서 오스카 역으로 플라시도 도밍고 등과 함께 녹음에 참여해 세계적인 명성을 쌓을 수 있는 전기를 마련하였고, 이 오디션에서 명지휘자 카라얀은 조수미에 대해 "신이 내린 목소리"라며 극찬을 했다.

11 1936년에 "애국가"를 작곡한 사람은 누구입니까?

① 안익태   ② 안영미

③ 주영훈   ④ 신승훈

> 📝NOTE 안익태는 1936년에 "애국가"를 작곡하였으며, 마요르카 교향악단의 상임 지휘자를 지냈다. 1955년 문화포장을 받았고 1965년 사후 문화훈장 대통령장이 추서되었다.

12 다음 중 동양인 최초로 독일 슈투트가르트 발레단에 입단해 솔리스트로 선발된 후에 수석 발레리나로 활동하고 있는 사람은 누구입니까?

① 김연아   ② 손연재

③ 김주원   ④ 강수진

> 📝NOTE 강수진은 동양인 최초로 독일 슈투트가르트 발레단에 입단해 솔리스트로 선발된 후에 수석 발레리나로 활동하고 있으며, 1999년 무용계의 아카데미 상인 '브누아 드 라 당스(Benois de la Danse)'의 최고 여성무용수로 선정되었다.

answer 10.③ 11.① 12.④

13 다음 중 1994년에 보스턴 마라톤에 참가하여 한국 최고 기록을 경신하는 2시간 08분 09초(4위)를 기록하여 건재함을 증명한 마라토너는 누구입니까?

① 이봉주   ② 장재근
③ 황영조   ④ 이종범

> **NOTE** 황영조는 1994년에는 보스턴 마라톤에 참가하여 한국 최고 기록을 경신하는 2시간 08분 09초(4위)를 기록하여 건재함을 증명하였으며, 이 해 10월, 일본 히로시마에서의 제12회 아시아 경기 대회 마라톤에서 금메달을 따면서 국민적인 영웅이 되었다.

14 다음 중 서울시 종로구에 위치한 조선시대의 궁궐이며, 건축과 조경이 잘 조화된 종합 환경디자인 사례이면서 동시에 한국적인 공간 분위기를 읽게 하는 중요한 문화유산은 무엇입니까?

① 창덕궁   ② 첨성대
③ 안압지   ④ 불국사

> **NOTE** 창덕궁은 자연의 지형을 활용해서 건물을 세운 까닭에 궁궐 건축의 전형적인 격식에서 벗어나 주변의 환경과도 뛰어난 조화를 이루는 특징을 지니고 있다.

15 다음 중 통일신라 경덕왕(751년) 때 김대성이 석굴암과 함께 창건해 신라 혜공왕(774년) 때 완공한 경주 토함산 서쪽 중턱의 경사진 곳에 자리하고 있는 사찰을 무엇이라고 합니까?

① 불국사   ② 통도사
③ 소림사   ④ 직지사

> **NOTE** 불국사는 이상적인 극락세계 등의 불교사상 및 교리를 사찰 건축물로 잘 형상화해서 장대하면서도 화려하게 구성한 대표적인 유물이다.

● answer 13.③ 14.① 15.①

16 다음 중 화재, 구급, 구조, 재난신고 등의 전화번호는 몇 번입니까?

① 114 ② 119
③ 120 ④ 125

🔒NOTE 화재, 구급, 구조, 재난신고 등의 전화번호는 119이다.

17 다음 중 통일신라의 문화와 과학의 힘, 종교적 열정의 결정체이며 국보 중에서도 으뜸으로 꼽히는 문화재로 토함산 정상에서 동쪽으로 푸른 바다가 하늘 끝과 맞닿고 서쪽으로는 끝없이 이어진 봉우리들이 하늘과 만나는 절경을 볼 수 있는 곳은 어디입니까?

① 천마총 ② 오세암
③ 최불암 ④ 석굴암

🔒NOTE 석굴암은 통일신라시대에 경주 토함산에 세워진 한국의 대표적인 석굴사찰이며, 신라인들의 신앙과 염원, 뛰어난 건축미, 성숙한 조각기법 등을 보여주는 역사 유적이다.

18 다음 중 환경오염의 신고 전화번호는 몇 번입니까?

① 121 ② 123
③ 125 ④ 128

🔒NOTE 환경오염의 신고 전화번호는 128이다.

19 다음 중 사이버테러 신고를 위한 전화번호는 몇 번입니까?

① 112 ② 113
③ 118 ④ 116

🔒NOTE 사이버테러 신고를 위한 전화번호는 118이다.

20 다음의 이곳은 어디를 말합니까?

> 우리는 자주 이곳에 들러 돈을 맡기거나 돈이 필요할 경우 찾으러 간다.

① 소방서 　　　　　　　　　② 경찰서
③ 은행 　　　　　　　　　　④ 교도소

> NOTE ③ 은행에 대한 설명이다. 은행은 돈을 맡기는 예금과 돈을 빌리는 대출 등의 업무를 할 수 있는 곳이다.

21 다음 대화가 이루어지는 곳은 어디입니까?

> A : 책을 빌리려면 회원증이 있어야 하나요?
> B : 네. 발급해 드릴까요?
> A : 네, 만들어 주세요.

① 도서관 　　　　　　　　　② 학교
③ 백화점 　　　　　　　　　④ 공장

> NOTE ① 제시된 대화는 책을 빌리는 도서관에서 벌어지는 이야기이다.

22 다음 중 연결이 잘못된 것을 고르시오.

① 선풍기 — 식품을 저온에 보관하여 부패를 방지하는 장치
② 지우개 — 연필이나 잉크로 쓴 것을 지우는 데 쓰는 고무제품
③ 볼펜 — 펜 끝에 작은 볼이 있어, 볼을 따라 나온 잉크로 글씨를 쓸 수 있는 도구
④ 연필 — 조그마한 나뭇조각 속에 흑연심을 넣어 만든 글을 쓰는 도구

> NOTE ① 선풍기는 더운 날씨에 바람을 일으켜 시원하게 만드는 제품이다. 식품을 저온에 보관하여 부패를 방지하는 장치는 냉장고이다.

answer 20.③ 21.① 22.①

23 다음 (   ) 안에 들어갈 알맞은 단어를 고르시오.

> 회사를 입사하기 위해 (   )을/를 작성하여 제출하여야 한다.

① 고소장
② 이력서
③ 합의서
④ 진단서

📝NOTE ② 회사를 입사하려면 회사나 조직에 이력서와 자기소개서 등을 제출하여야 한다.

24 다음 중 아버지 및 어머니와 남자아이 간의 관계를 무엇이라고 합니까?

① 아들   ② 손자
③ 시숙   ④ 고모

📝NOTE 아버지 및 어머니와 남자아이 간의 관계는 아들이다.

25 다음 중 어린이와 그 어린이 부모의 어머니 간 관계를 무엇이라고 합니까?

① 외숙모   ② 외삼촌
③ 시누이   ④ 할머니

📝NOTE 어린이와 그 어린이 부모의 어머니 간 관계는 할머니이다.

04 문화

01 세시풍속

(1) 설

① **개념** ··· 음력 정월 초하룻날(음력 1월 1일)을 의미한다. 또한, 신일, 원단, 세수, 연수라고도 하며, 이는 모두 한 해의 첫날임을 의미하는 말이다.

② **음식** ··· 떡국

    ㉠ 설날에는 '떡국 차례'라 해서 우리나라에서는 밥 대신에 떡국을 올리는데, 차례를 올린 다음에 가족이 모두 음복하고 나서 부모님과 어른들께 세배를 올린다.

    ㉡ 우리는 설날에 떡국을 먹음으로써 한 살을 더 먹는다고 생각한다.

    ㉢ 차례를 올리지 않는 집에서도 설날 아침에는 모두 떡국을 먹는데 왕실에서부터 양반, 서민에 이르기까지 흰떡으로 만든 똑같은 음식을 먹는 것이다.

우리나라의 떡국

각 지역별 떡국

경기도 개성
조랭이떡국

강원도
만두떡국

충청북도
미역생떡국
다슬기생떡국
(올갱이날떡국)

충청남도
구기자떡국

경상북도
태양떡국

전라북도
두부떡국

경상남도
굴떡국

전라남도
닭장떡국

기출문제

매년 출제
☑ 다음 중 한국의 명절이 아닌
것은 무엇입니까?

① 추석
② 설날
③ 단오
④ 성탄절

정답 ④

③ **여러 가지 풍습**(놀이 포함)

㉠ **차례** : 음력 매달 초하룻날과 보름날, 명절날, 조상님 생신 등의 오
전에 지내는 제사를 말한다.

사진·그림으로 보는 대한민국

ⓛ **세배** : 설날 아침에 집안의 어른들께 큰 절로 인사드리는 것을 말한다.

ⓒ **설빔** : 새해를 맞이해서 설날에 새 것으로 갈아입는 옷을 말한다. 이렇게 하는 것은 설날부터 새해가 시작되므로 기존의 묵은 것은 다 떨구어 버리고 새로운 출발을 하는 데 그 의미가 있으며, 더불어 설 명절을 맞아 새해를 맞이하는 기쁨이 있어 새 옷으로 갈아입는 것이다.

ⓔ **윷놀이** : 정월 초하루에서 보름까지 윷이라는 놀이도구를 사용해 남녀노소 누구나 어울려 즐기면서 노는 놀이를 말한다.

ⓜ 제기차기

- 엽전이나 또는 쇠붙이 등에 얇고 질긴 종이나 천을 접어서 싼 다음, 끝을 여러 갈래로 찢어 너풀거리게 한 놀이기구를 말한다.
- 주로 겨울에서 정초에 걸쳐서 하는 놀이이다.

ⓗ 널뛰기

- 두툼하면서도 기다란 널빤지 한복판의 밑을 괴어서 중심을 잡은 후에, 널빤지 양쪽 끝에 한 사람씩 올라서서 뛰어올랐다가 발을 구르면 상대방은 그 반동으로 인해 뛰어오르게 되는 것이다.
- 이렇게 번갈아서 두 사람이 뛰어올랐다가 발을 굴렀다 하는 놀이를 말한다.

ⓢ **굴렁쇠 굴리기** : 굵은 철사를 둥글게 말아 붙인 것을 채에 받쳐서 굴리는 놀이를 말한다.

ⓞ **연날리기** : 연을 공중에 띄워 날리는 놀이를 말한다.

(2) 추석

① **개념** … 음력 팔월 보름을 일컫는 말로 가을의 한가운데 달이고 또한 팔월의 한가운데 날이라는 뜻을 지니고 있는 연중 으뜸 명절이다. 가배, 가배일, 가위, 한가위, 중추, 중추절, 중추가절이라고도 불린다.

② **음식**

ⓐ **송편** : 멥쌀가루를 뜨거운 물로 반죽해 소를 넣고 모양을 만들어서 솔잎을 깔고 찐 떡을 말한다.

ⓑ **토란국** : 추석의 절식으로, 1년에 1~2번 먹는 귀한 음식이다. 당질·인·염분·칼슘 등이 많이 함유되어 있어 영양가가 높은 음식이다.

기출문제

☑ 추석 때 먹는 떡으로 솔잎에 깔고 찐 떡은?

ⓞ정답 송편

③ **여러 가지 풍습**(놀이 포함)

ㄱ 줄다리기 : 우리나라 고유의 민속놀이 중 하나로 많은 사람들이 두 편으로 나뉘어 양쪽에서 줄을 잡아당겨 승패를 겨루는 경기를 말한다.

ㄴ 강강술래 : 주로 음력 8월 한가위에 하는 것으로, 밝은 보름달이 뜬 밤에 수십 명의 마을 처녀들이 모여 서로 손을 맞잡아 둥그렇게 원을 만들어 돌며, 한 사람이 '강강술래'의 앞부분을 선창하면 뒷소리를 하는 여러 사람이 이어받아 노래를 부르는 것을 말한다.

ⓒ **거북놀이** : 음력 8월 15일 한가위 날에 수숫잎으로 거북 모양을 만들어서 쓰고 집집마다 돌아다니면서 노는 민속놀이를 말한다.

ⓓ **소놀이** : 소의 형상을 만들어서 집집마다 돌아다니며 풍년 및 평안 등을 기원하는 민속놀이를 말한다.

ⓔ **씨름** : 예로부터 전해 내려오는 우리나라의 전통적인 기예의 하나로, 두 사람이 샅바나 띠 또는 바지의 허리춤을 잡고 힘과 기술을 서로 겨루어서 상대방을 먼저 땅에 넘어뜨리는 것으로 승부를 결정하게 되는 민속놀이이자 운동경기를 말한다.

(3) 한식

① **개념** … 동지 후 105일째 되는 날로, 양력으로는 4월 5일 무렵이다. 설날, 단오, 추석 등과 함께 4대 명절의 하나인데, 일정 기간 불의 사용을 금하고 찬 음식을 먹는 고대 중국의 풍습으로부터 연유되었다.

② **음식** … 쑥떡, 콩국수, 식혜, 메밀국수 등을 먹는다.

(4) 단오

✔ 단오는 음력 5월 5일로 창포 삶은 물에 머리를 감고 그네뛰기와 씨름을 즐김

① **개념** … 음력 5월 5일의 명절 중 하나로, 일명 수릿날 · 중오절 · 천중절 · 단양이라고도 한다.

② **음식** … 단오의 절식으로 수리취를 넣어 둥글게 절편을 만든 수리취떡과 쑥떡 · 망개떡 · 약초떡 · 밀가루 지짐 등을 먹었다.

③ **풍습** … 그네뛰기, 씨름, 탈춤, 사자춤, 가면극 등을 즐겼다.

(5) 정월대보름

① **개념**

　㉠ 정월은 한 해를 처음 시작하는 달로 그 해를 설계하고, 일 년의 운세를 점쳐 보는 달이었다.

　㉡ '대보름'의 달빛은 어둠, 질병이나 재액 등을 밀어 내는 밝음의 상징이므로, 이날 마을의 수호신에게 온 마을 사람들이 질병과 재앙으로부터 풀려나 농사가 잘 되고 고기가 잘 잡히게 하는 '동제'를 지냈다.

② **음식**

　㉠ **오곡밥** : 중요한 곡식 5가지로 지은 밥을 말하는 것으로, 주로 음력 정월 열 나흗날이나 대보름날에 지어서 집안의 여러 가신에게 올린 다음 식구나 또는 이웃 간에 나누어 먹는 것을 말한다.

　㉡ **약밥** : 물에 불린 찹쌀을 시루에 찐 뒤에 꿀이나 설탕, 참기름, 대추 등을 쪄서 거른 것을 섞고, 다시 진간장, 밤, 대추, 계피, 곶감, 잣 등을 넣어서 시루에 찐 밥을 말한다.

③ **여러 가지 풍습**(놀이 포함)

　㉠ **더위팔기** : 정월 대보름날 아침 해뜨기 전에 만난 사람에게 "내 더위 사가라"하며 더위를 파는 풍속을 말한다.

ⓛ **부럼 깨물기**

• 정월 대보름날 이른 아침에 한 해 동안의 여러 가지 부스럼을 예방하고 이를 튼튼하게 하려는 의미로 날밤·호두·은행·잣 등의 견과류를 어금니로 깨무는 풍속을 말한다.

• '부스럼(또는 부럼) 깨물기'라고도 하며 '부럼 먹는다'고도 한다.

ⓒ **귀밝이술** : 음력 정월 대보름날 아침 식사를 하기 전에 귀가 밝아지라고 마시는 술을 말한다.

ⓔ **달맞이** : 달맞이 풍속은 전국적으로 분포하고 있는 정월 대보름날의 풍속으로, 횃불을 들고 뒷동산에 올라가 달이 뜨기를 기다렸다가 달이 뜨게 되면 횃불을 땅에 꽂고 소원을 비는 것을 말한다.

ⓜ **지신밟기** : 정월 대보름을 전후해 집터를 지켜준다는 지신에게 고사를 올리고 풍물을 울리며 축복을 비는 세시풍속을 말한다.

ⓗ **쥐불놀이** : 들판에 쥐불을 놓으며 노는 풍속으로 횃불을 들고 들판에 나가 논밭두렁의 잡초 및 잔디 등을 태워 해충의 피해를 줄이고자 하는 의도를 담고 있다.

ⓧ 달집태우기 : 정월 대보름 무렵에 생솔가지나 또는 나뭇더미 등을 쌓아 '달집'을 짓고 달이 떠오르면 불을 놓아서 제액초복을 기원하는 풍속을 말한다.

(6) 칠월칠석

① **개념** … 칠월 칠석은 견우와 직녀가 만나는 날을 의미하는 것이며, 이를 '칠석'이라고도 한다.

② **음식** … 밀국수와 밀전병이 있다.

③ **풍속** … 이 날 처녀들은 직녀성에게 바느질 솜씨가 늘기를 빌거나, 또는 별이 뜨게 되는 쪽을 향해서 칠성제를 지낸다. 더불어 목욕재계를 하고 제사를 올리는데, 이렇게 칠성제를 지내면 아들을 낳는다고 한다.

02 전통음식

(1) 불고기

① 쇠고기를 얇게 썰어서 양념장에 재워두었다가 구워 먹는 음식으로 한국을 대표하는 전통음식이다.

② 예전에는 '너비아니'라고 하였는데, 너비아니는 궁중과 서울의 양반 집 등에서 쓰던 말로 고기를 넓게 저몄다는 것을 말한다.

 사진·그림으로 보는 대한민국

(2) 김치

✓ **김장을 하는 이유?**
김장은 날씨가 추운 관계로 겨울에 먹을 많은 양의 김치를 한꺼번에 많이 담기 때문이다.

무·배추·오이 등과 같은 채소를 소금에 절이고 고추·파·마늘·생강 등의 갖가지 양념을 버무려 담근 채소의 염장 발효식품을 말한다. 사람은 비타민이나 무기질이 풍부한 채소의 섭취가 필요한데 채소는 곡물과 달라서 저장하기가 어렵다. 김치는 이러한 채소를 오래 저장할 수 있게 한다.

① **배추김치** … 배추를 주재료로 해서 소금에 절여 헹군 후 기호에 따라 여러 가지 양념을 넣고 담그는 김치를 말한다.

② **무김치** … 절인 무를 양념(멸치액젓, 고춧가루, 다진 마늘 및 생강, 쪽파)으로 버무려 담근 김치를 말한다.

③ **백김치**

  ㉠ 백김치는 배추에 고춧가루를 쓰지 않고 무채, 밤, 배, 대추, 석이버섯, 실고추 등으로 속을 채우고 양지머리 육수나 과즙의 국물을 자작하게 부어 익힌 깨끗하면서도 시원한 김치로 담백한 맛이 일품인 김치를 말한다.

  ㉡ 주로 평안도를 비롯한 추운 북쪽지방에서 즐겨 먹는 김치로 배추를 소금물에 절여 시원한 국물 맛이 우러나도록 담그는 것이 중요하다.

기출문제

2017년 기출
☑ 우리나라의 추운 북쪽지방에서 즐겨먹는 김치는?

🅐정답 **백김치**

④ **파김치**

　㉠ 매운맛이 나는 파김치는 우리나라의 전라도에서 많이 담그는데 주로 중간 굵기의 쪽파로 담근다.

　㉡ 쪽파는 하얀 부분이 많은 재래종이 단맛이 많은 관계로 김칫거리로서 알맞다.

　㉢ 또한, 파김치도 갓김치와 같이 오래 묵히면 깊은 맛을 느낄 수 있다.

　㉣ 더불어 맵고 진한 맛이라 멸치젓을 많이 넣어 잘 삭혀 먹는다.

(3) **장류**

① **메주**… 삶은 콩에 밀가루 등의 전분질 원료를 첨가한 것에 메주 곰팡이를 접종 및 배양시켜서 만든 장의 제조 원료를 의미한다.

② **된장**… 콩으로 메주를 만들어서 장을 담가 간장을 떠낸 후, 남은 건더기로 만든 것으로 한국인들의 식생활에 있어서 상당히 중요한 발효식품을 의미한다.

③ **고추장**… 쌀가루에 고춧가루, 엿기름, 메줏가루, 소금 등을 섞어 만드는 우리나라의 고유한 발효식품으로 영양이 풍부하고, 동시에 매운맛을 내는 성분인 캡사이신(Capsaicin)이 식욕을 돋우고 소화를 촉진하게 된다.

(4) 국수

밀 · 메밀 · 감자 등의 가루를 반죽해 얇게 밀어서 썰든가 국수틀로 가늘게 뺀 식품, 또는 그것을 삶아 국물에 말거나 비벼서 먹는 음식을 말한다.

(5) 떡국

멥쌀을 가루 내어서 떡메로 친 후에, 손으로 길게 만든 하얀 가래떡을 썰어 맑은 장국에 넣고 끓인 음식으로 새해 차례 시에 세찬으로 먹는 시절음식을 의미한다.

2017년 기출

☑ 흰 가래떡을 얇게 썰어 장국에 넣어 끓인 것으로 병탕이라고도 하는 이것은?

정답 떡국

(6) 발효식품

① **젓갈** ··· 어패류의 살이나 내장, 알 등을 많은 양의 소금에 절여 상온에서 일정한 기간 동안 발효시켜서 만든 우리나라의 대표적인 수산 발효식품을 의미한다.

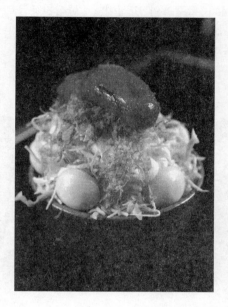

② **장아찌** ··· 채소를 소금이나 간장 등에 절여서 숙성시킨 저장식품으로 장기간 저장해 두고 해당 재료가 귀한 철에 먹는 절임류의 일종이다.

☑ 채소를 이용해 오랜 시간동안 묵혀 먹을 수 있는 것은?

🔒정답 장아찌

03 한옥

(1) 한옥의 개념

한옥은 기둥 및 보가 목구조의 방식이며, 한식지붕틀로 된 구조로 한식 기와, 볏짚, 목재, 흙 등의 자연재료로 마감된 우리나라 전통양식이 반영된 건축물 및 그 부속 건축물을 의미한다.

우리나라의 한옥

(2) 한옥의 특징

① 가장 큰 특징이라면 난방을 위한 온돌 및 냉방을 위한 마루가 균형 있게 결합된 구조를 갖추고 있는 것이다.

② 대륙성 기후와 해양성 기후가 공존하는 한반도의 더위와 추위를 동시에 해결하기 위한 한국의 독특한 주거 형식이다.

(3) 처마 및 마루

① 처마는 외벽의 경계선 바깥쪽으로 노출된 지붕의 일부분을 말하는 것으로, 비바람으로부터 벽체를 보호하고 뜨거운 볕을 가려주는 역할을 수행한다.

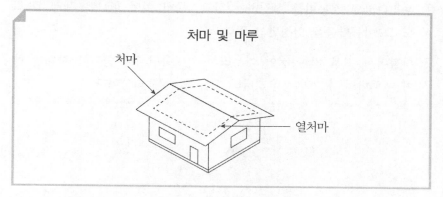

처마 및 마루

② 마루는 바닥이 지면으로부터 떨어져 있는 관계로 그 밑으로 통풍이 가능하며 외벽의 일부가 개방되어 있거나 또는 개폐가 쉬운 공간을 말한다.

(4) 온돌

한국 고유의 난방법으로 아궁이에서 불을 때게 되면 불기운이 방 밑을 지나서 방바닥 전체의 온도를 높여 주게 되며 마지막에 굴뚝으로 빠지게 만들어 놓은 난방 장치를 말한다.

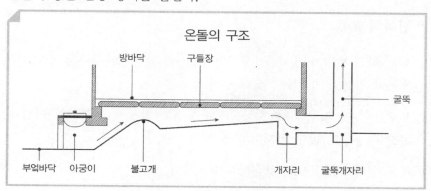

온돌의 구조

☑ 우리 고유의복인 치마, 저고리, 바지, 두루마기에 조끼와 마고자가 포함되는 것은?

정답 한복

04 한복

(1) 한복의 개념

① 우리나라의 전통미를 상징하는 한복, 특히 여성 한복은 세계적으로도 그 아름다움을 인정받고 있다.

② 더불어서 직선 및 곡선이 어우러져 화려하면서도 단아한 자태를 풍기는 치마와 저고리는 우리나라 고유의 전통 의상이다.

우리나라의 한복

(2) 한복의 특징

① 우선 입고 벗기가 편하다. 우리의 몸을 넉넉하게 감싸주는 풍성함이 체형의 결점도 가려주게 된다.

② 또한, 치마·저고리·바지 등 모두가 납작하게 접혀서 보관하기에 좋으며 공간도 많이 차지하지 않는다.

③ 착용 절차가 복잡하고 실용적이지 못하다.

(3) 여름철 한복의 특징

여름철 옷감으로는 바람이 잘 통하고 시원한 삼베 및 모시 등을 활용하였다.

① **삼베의 특징**

  ㉠ 우리나라의 기후 및 토양, 강수량 등이 삼을 재배하는데 있어 알맞은 관계로 예전부터 서민들이 많이 사용하였다.

  ㉡ 땀이 나더라도 옷감이 피부에 달라붙지 않는다.

  ㉢ 옷감에 구멍이 촘촘히 나 있어서 바람이 잘 통한다.

② **모시의 특징**

  ㉠ 모시는 생육조건이 까다로워 일부 지역에서만 자라기 때문에 공급이 많지 않다.

  ㉡ 삼베보다 올이 가늘고 더욱 촘촘하게 만들어진 옷감이다.

  ㉢ 가벼우면서도 촉감이 부드럽고 공기가 잘 통하는 관계로 시원하다.

③ 햇빛을 많이 흡수하지 않는 흰색 옷을 주로 입었다.

④ 몸과 옷 사이를 헐렁하게 하여 바람이 잘 통하도록 하였다.

⑤ **우리 조상들의 여름나기 물건들**

  ㉠ **부채** : 조상들이 가지고 다니면서 손으로 바람을 일으켜서 더위를 쫓았다.

  ㉡ **죽부인** : 대나무로 둥글게 만든 것으로 이불 속에 넣고 자게 되면 바람이 잘 통한다.

  ㉢ **등등거리** : 등나무의 줄기를 엮어 만든 것으로 속옷 밑에 입어 바람이 잘 통하도록 하였다.

기출문제

☑ 수분을 빨리 흡수하고 배출하며, 자외선을 차단하고 곰팡이를 억제하는 항균성이 있는 옷감은?

정답 삼베

(4) 겨울철 한복의 특징

겨울철에는 비단 및 무명 등으로 옷을 해서 몸을 따뜻하게 보호하였다.

① 비단

- ㉠ 누에고치가 원료이다.
- ㉡ 광택이 나면서도 촉감 또한 부드럽다.
- ㉢ 하지만, 재배조건이 까다롭고 상당히 귀한 옷감이어서 일반 사람들은 많이 사용하기 어려웠다.

② 무명

- ㉠ 목화에서 나는 솜으로 만들었다.
- ㉡ 고려시대 문익점에 의해서 전해지게 되었다.
- ㉢ 천이 부드러우며 손질 또한 쉬우므로 사계절 내내 이용되었다.

③ 솜옷 및 비단, 동물의 털 및 가죽 등을 활용해서 옷을 만들었다.

④ 겉옷 및 속옷을 여러 겹으로 해서 입었다.

⑤ 목도리, 모자, 토시 등을 활용하였다.

⑥ 우리 조상들의 겨울나기 물건들

- ㉠ 끼는 것 : 토시 → 팔에 끼는 것
- ㉡ 쓰는 것 : 풍차, 굴레, 조바위, 남바위
- ㉢ 신는 것 : 설피 → 눈이 많이 오는 지역에서 눈 올 때 신는 것, 멱신 → 짚으로 만든 방한용 신발을 말한다.

05 기타

(1) 판소리

① 개념

ⓐ '판소리'는 한 명의 소리꾼과 한 명의 고수(북치는 사람)가 서로 음악적인 이야기를 엮어가며 연행하는 장르를 말한다.

ⓑ 장단에 맞춰 부르는 표현력이 풍부한 창(노래)과 일정한 양식을 가진 아니리(말), 풍부한 내용의 사설 및 너름새(몸짓) 등으로 구연되는 이러한 대중적인 전통은 지식층의 문화와 서민층의 문화를 모두 아우르고 있다.

② 종류

ⓐ 판소리는 모두 12가지의 종류가 있는데, "춘향가", "심청가", "흥부가", "수궁가", "적벽가", "변강쇠타령", "옹고집타령", "무숙이타령", "강릉매화타령", "장끼타령", "배비장타령", "가짜신성타령" 등이 있지만, 현재에 불려지고 있는 것은 "심청가", "춘향가", "수궁가", "흥부가", "적벽가"만이 불리고 있다.

2017년 기출
☑ 한 명의 소리꾼이 고수의 장단에 맞추어 창, 말, 몸짓을 섞어가며 긴 이야기를 엮어가는 것은?

정답 판소리

기출문제

2018년 출제
☑ 다음 중 효를 주제로 한 문학작품은 무엇입니까?

① 흥부전
② 심청전
③ 춘향전
④ 별주부전

정답 ②

ⓛ 심청가 : 효녀 심청이 눈이 먼 아버지 심봉사를 위해 목숨을 바쳤다가 용왕의 도움으로 환생해 지극한 효심으로 아버지의 눈을 뜨게 한다는 내용이다. 심청가는 심청이의 탄생, 심청의 성장, 눈이 먼 심봉사의 사고, 인당수의 제물로 팔려가는 심청, 심청과 심봉사와의 이별, 심청의 죽음, 심청의 환생, 심청과 아버지의 재회, 심봉사가 눈을 뜨게 되는 대목 등으로 전개된다.

ⓒ 춘향가 : 춘향가는 남원 퇴기 월매의 딸 성춘향과 남원 부사의 아들 이몽룡의 신분을 뛰어 넘은 사랑노래이다. 단오 날에 우연히 만나 사랑에 빠진 춘향과 이몽룡이 서로 백년가약을 맺었다가 이몽룡 아버지의 근무지 이동으로 인해 서로 이별을 하게 되고, 이 때 고을에 새로 부임한 신임사또가 춘향에게 수청들 것을 요구하자 춘향은 죽음을 불사하고 이를 거절하여 옥고를 치르게 된다. 과거에 급제해 어사가 된 이몽룡이 나타나서 죽음 직전의 춘향을 구하게 되고 사랑의 승리를 이루게 된다는 줄거리이다.

ⓔ **수궁가** : 수궁가는 바다의 용왕이 병이 들게 되자 용왕의 약에 쓰일 토끼의 간을 구하기 위해 육지로 나온 자라가 토끼를 꾀어 용궁으로 데리고 가게 된다. 하지만, 토끼는 꾀를 부려 용왕을 속이게 되고 살아 돌아온다는 이야기를 판소리로 짠 것이다. 수궁가는 "토끼타령", "별주부타령", "토별가"라고 부르기도 한다.

ⓜ **흥부가** : 비록 가난하지만 착한 아우 흥부는 부러진 제비의 다리를 고쳐 주고 얼마 후 그 제비가 물고 온 박씨를 심어 박을 타서 보물들이 나와 부자가 되며, 넉넉하고 모진 형 놀부는 제비의 다리를 부러뜨리고 그 제비가 물고 온 박씨를 심어 박을 타서 괴물들이 나와 망하게 된다는 이야기다.

ⓗ **적벽가** : 이는 "화용도"라고도 한다. 중국 "삼국지연의" 가운데 관우가 화용도에서 포위된 조조를 죽이지 않고 너그러이 길을 터 주어서 달아나게 한 적벽대전을 소재로 하여 만든 것이다.

기출문제

✔ 한글소설로 허균이 지었으며 신분차이의 타파와 부패한 정치를 개혁하려는 서적은 홍길동전이다.

2017년 출제
☑ 꽹과리, 장구, 북, 징의 4가지 악기로 연주되는 우리나라의 전통음악 중 하나인 이것은 무엇입니까?

① 판소리
② 농악
③ 탈춤
④ 사물놀이

정답 ④

(2) 사물놀이

① 사물놀이는 꽹과리·장구·징·북 등의 4가지 농악기로 연주하도록 편성한 음악이나 또는 이러한 편성에 의한 합주단을 말한다.

② 사물놀이는 1979년의 3월 1일과 2일 양일 간에 걸쳐서 민속악회 시나위에서 김덕수(장구), 이종대(북), 최태현(징)과 객원 연주자인 최종실(꽹과리)이 종로구 원서동의 공간사랑에서 연주한 데서부터 비롯하였다.

(3) 농악

① 농악은 공동체 의식과 더불어 농촌 사회의 여흥 활동으로부터 유래한 대중적인 공연 예술의 하나이다.

② 특히 농악은 타악기의 합주와 함께 전통 관악기의 연주, 행진, 춤, 연극, 기예 등이 함께 복합적으로 어우러진 공연으로 우리나라를 대표하는 공연예술로 발전해 왔다.

(4) 관혼상제

① 관례 · 혼례 · 상례 · 제례를 총칭해 부르는 말이다.

　ⓐ **관례** : 남자의 경우에 성인이 되었을 때에는 상투를 올리게 되고, 여자의 경우에는 비녀를 꽂는 성인 의식을 의미한다.

　ⓑ **혼례** : 우리나라에서 혼인은 인륜대사라 하여 그 의식 및 절차 등이 엄숙하게 이루어진다.

　ⓒ **상례** : 사람이 죽게 되면 장례를 치루게 되는데 장례일은 보통 삼일장, 오일장, 칠일장 등으로 장례의 기간에 따라 명칭을 붙인다. 대개의 경우에는 삼일장을 치룬다.

　ⓓ **제례** : 조상을 기리게 되는 제례는 크게 시제, 차례, 묘제 등으로 나뉘어진다.

② 인간이 살아가는 데 있어 관혼상제는 빠질 수 없는 일들이며, 우리 조상들이 옛날부터 중요하게 여긴 가정 행사이다. 유교를 바탕으로 나라를 다스리는 질서가 완강했던 조선시대의 관혼상제는 단순한 의례 이상이었으며, 오늘날에도 중요시되고 있다.

(5) 아리랑

① 아리랑은 우리 한민족의 가장 대표적인 민요로서 널리 알려져 있다.

② 그 중에서도 한국에서 가장 유명한 아리랑은 강원도의 '정선 아리랑', 호남 지역의 '진도 아리랑' 경상남도 일원의 '밀양 아리랑' 등의 3가지이다.

기출문제

2018년 기출
☑ 사람이 살면서 겪게 되는 4가지 중요한 예식을 무엇이라고 합니까?

🔴정답　관혼상제

04 출제예상문제

01 다음 중 음력 정월 초하룻날을 무엇이라고 합니까?

① 추석   ② 설

③ 단오   ④ 동지

> **NOTE** 설은 음력 정월 초하룻날(음력 1월 1일)을 의미한다.

02 우리나라에서 새해를 맞이해 설날에 새 것으로 갈아입는 옷을 무엇이라고 합니까?

① 정장   ② 헌옷

③ 설빔   ④ 원피스

> **NOTE** 설빔은 설날부터 새해가 시작되므로 기존의 묵은 것은 다 떨구어 버리고 새로운 출발을 하는 데 그 의미가 있으며, 더불어서 설의 명절을 맞아 새해를 맞이하는 기쁨이 있어 새 옷으로 갈아입는 것이다.

03 다음 중 설날에 먹는 우리나라의 대표적인 음식은 무엇입니까?

① 팥죽   ② 된장국

③ 부대찌개   ④ 떡국

> **NOTE** 우리나라에서는 설날에 밥 대신에 떡국을 먹음으로써 한 살을 더 먹는다고 생각한다.

answer 01.② 02.③ 03.④

04 주로 겨울에서 정초에 걸쳐 어린이들이 많이 즐기며, 엽전 등을 천이나 종이로 싸서 발로 차고 노는 놀이를 무엇이라고 합니까?

① 축구   ② 제기차기

③ 족구   ④ 굴렁쇠

NOTE 제기차기는 엽전이나 또는 쇠붙이 등에 얇고 질긴 종이나 천을 접어서 싼 다음, 끝을 여러 갈래로 찢어 너풀거리게 한 놀이이다.

05 우리나라 전통놀이 중 널빤지 위에서 두 사람이 번갈아서 뛰어올랐다가 발을 굴렀다 하는 놀이를 무엇이라고 합니까?

① 제기차기   ② 굴렁쇠 굴리기

③ 널뛰기   ④ 윷놀이

NOTE 널뛰기는 기다란 널빤지 한복판의 밑을 괴어서 중심을 잡은 후에 서로 뛰어오르며 노는 놀이이다.

06 동그란 원 모양의 철사를 채를 이용해 굴리는 전통놀이를 지칭하는 것은 무엇입니까?

① 윷놀이   ② 타이어 굴리기

③ 굴렁쇠 굴리기   ④ 쥐불놀이

NOTE 굴렁쇠 굴리기는 굵은 철사를 둥글게 말아 붙인 것을 채에 받쳐서 굴리는 놀이를 의미한다.

07 다음 그림이 의미하는 것은 무엇입니까?

① 굴렁쇠 굴리기　　　　　　　② 강강술래
③ 쥐불놀이　　　　　　　　　　④ 연날리기

　NOTE　연날리기는 연을 공중에 띄워 날리는 놀이를 의미한다.

08 가배, 가배일, 가위, 한가위, 중추, 중추절, 중추가절이라고도 불리는 우리나라의 대표 명절은 무엇입니까?

① 정월대보름　　　　　　　　　② 추석
③ 한식　　　　　　　　　　　　④ 동지

　NOTE　추석은 가을의 한가운데 달이고 또한 팔월의 한가운데 날이라는 뜻을 지니고 있는 우리나라의 연중 으뜸 명절이다.

09 우리나라 모든 지방에서 만드는 떡으로, 추석 때 햇곡식으로 빚는 명절의 대표적인 떡을 무엇이라고 합니까?

① 호떡 ② 송편

③ 찹쌀떡 ④ 오곡밥

> **NOTE** 송편은 멥쌀가루를 뜨거운 물로 반죽해 소를 넣고 모양을 만들어서 솔잎을 깔고 찐 떡으로 우리나라의 추석 때 만드는 대표적인 떡이다.

10 다음 중 당질·인·염분·칼슘 등이 많이 함유되어 있어 영양가가 높은 음식으로 추석에 먹는 절식은 무엇입니까?

① 미역국 ② 탕수육

③ 육개장 ④ 토란국

> **NOTE** 토란국은 우리나라 추석의 절식으로, 1년에 1~2번 먹는 귀한 음식이다. 더불어서, 당질·인·염분·칼슘 등이 많이 함유되어 있어 영양가가 높은 음식이다.

11 우리나라의 고유 놀이로 서로 두 편으로 나뉘어 양쪽에서 줄을 잡아당겨 승패를 겨루는 경기를 무엇이라고 합니까?

① 이어달리기 ② 팽이치기

③ 닭싸움 ④ 줄다리기

> **NOTE** 줄다리기는 우리나라 고유의 민속놀이 중 하나로써 많은 사람들이 두 편으로 나뉘어 양쪽에서 줄을 잡아당겨 승패를 겨루는 경기를 의미한다.

ⓞ answer 09.② 10.④ 11.④

12 사람들이 수숫잎으로 거북 모양을 만들어서 쓰고 집집마다 돌아다니면서 노는 민속놀이는 무엇입니까?

① 연날리기   ② 윷놀이

③ 쥐불놀이   ④ 거북놀이

🖉NOTE 거북놀이는 음력 8월 15일 한가위 날에 수숫잎으로 거북 모양을 만들어서 쓰고 집집마다 돌아다니면서 노는 민속놀이를 의미한다.

13 보름달이 뜬 밤에 수십 명의 마을 처녀들이 모여서 서로 손을 맞잡아 둥그렇게 원을 만들어 노래를 부르며 도는 것을 무엇이라고 합니까?

① 줄다리기   ② 강강술래

③ 거북놀이   ④ 쥐불놀이

🖉NOTE 강강술래는 음력 8월 한가위에 하는 것으로, 마을 처녀들이 모여서 서로 손을 맞잡아 둥그렇게 원을 만들어 여러 사람이 이어받아 노래를 부르는 것을 의미한다.

14 다음 중 소의 형상을 만들어서 집집마다 돌아다니며 풍년 및 평안 등을 기원하는 민속놀이를 무엇이라고 합니까?

① 소놀이   ② 쥐놀이

③ 개놀이   ④ 양놀이

🖉NOTE 소놀이는 소의 형상을 만들어서 집집마다 돌아다니며 풍년 및 평안 등을 기원하는 민속놀이를 의미한다.

⊙answer   12.④   13.②   14.①

15 우리나라의 민속놀이 또는 운동경기로 샅바나 띠 또는 바지의 허리춤을 잡고 힘과 기술을 서로 겨루어서 상대방을 먼저 땅에 넘어뜨리는 것으로 승부를 결정하는 놀이는 무엇입니까?

① 굴렁쇠 굴리기　　　　　　　　　② 스모

③ 팔씨름　　　　　　　　　　　　　④ 씨름

　　📝 NOTE　씨름은 샅바나 띠 또는 바지의 허리춤을 잡고 힘과 기술을 서로 겨루어서 상대방을 먼저 땅에 넘어뜨리는 것으로 승부를 결정하게 되는 민속놀이이자 운동경기를 의미한다.

16 다음 중 일정 기간 불의 사용을 금하고 찬 음식을 먹는 고대 중국의 풍습으로부터 연유된 것을 무엇이라고 합니까?

① 설날　　　　　　　　　　　　　② 추석

③ 한식　　　　　　　　　　　　　④ 단오

　　📝 NOTE　한식은 동지 후 105일째 되는 날로, 양력으로는 4월 5일 무렵이며, 쑥떡, 콩국수, 식혜, 메밀국수 등을 먹는다.

17 통상적으로 우리나라에서 음력 정월 열 나흗날이나 대보름날에 지어서 집안의 여러 가신에게 올린 다음 식구나 또는 이웃 간에 나누어 먹는 음식은 무엇이라고 합니까?

① 오곡밥　　　　　　　　　　　　② 흰쌀밥

③ 주먹밥　　　　　　　　　　　　④ 약밥

　　📝 NOTE　오곡밥은 곡식 5가지로 지은 밥을 말하는 것으로, 주로 음력 정월 열 나흗날이나 대보름날에 지어서 집안의 여러 가신에게 올린 다음 식구나 또는 이웃 간에 나누어 먹는다.

18 수릿날·중오절·천중절·단양이라고도 하며, 그네뛰기, 씨름, 탈춤, 사자춤, 가면극 등을 즐기는 이것은 무엇입니까?

① 추석   ② 제헌절

③ 단오   ④ 한식

> 🄱NOTE 단오는 음력 5월 5일의 명절 중 하나로, 일명 수릿날·중오절·천중절·단양이라고도 하며, 그네뛰기, 씨름, 탈춤, 사자춤, 가면극 등을 즐겼다.

19 다음 중 질병이나 재액 등을 밀어 내는 밝음의 상징이므로, 이날 마을의 수호신에게 온 마을 사람들이 질병과 재앙으로부터 풀려나 농사가 잘 되고 고기가 잘 잡히게 제사를 지내는 날은 언제입니까?

① 추석   ② 정월대보름

③ 동지   ④ 설날

> 🄱NOTE 정월은 한 해를 처음 시작하는 달로 그 해를 설계하고, 일 년의 운세를 점쳐 보는 달이며, 대보름의 달빛은 어둠, 질병이나 재액 등을 밀어 내는 밝음의 상징이다.

20 찹쌀을 쪄서 대추, 밤, 잣, 참기름, 꿀, 간장 등의 여러 재료를 섞어 쪄서 익힌 음식을 무엇이라고 합니까?

① 비빔밥   ② 볶음밥

③ 약밥   ④ 김밥

> 🄱NOTE 약밥은 물에 불린 찹쌀을 시루에 찐 뒤에 꿀이나 또는 설탕, 참기름, 대추 등을 쪄서 거른 것을 섞고, 다시 진간장, 밤, 대추, 계피, 곶감, 잣 등을 넣어서 시루에 찐 밥을 의미한다.

⊙ answer   18.③   19.②   20.③

21 아침에 한 해 동안의 여러 가지 부스럼을 예방하고 이를 튼튼하게 하려는 의미로 날밤·호두·은행·잣 등의 견과류를 어금니로 깨무는 풍속을 무엇이라고 합니까?

① 부럼 깨물기　　　　　　　　② 지신밟기
③ 쥐불놀이　　　　　　　　　④ 강강술래

> NOTE 부럼 깨물기는 정월 대보름날 이른 아침에 한 해 동안의 여러 가지 부스럼을 예방하고 이를 튼튼하게 하려는 의미로 날밤·호두·은행·잣 등의 견과류를 어금니로 깨무는 풍속을 의미한다.

22 다음 중 잡초 및 잔디 등을 태워 해충의 피해를 줄이고자 하는 의도를 담고 있는 우리나라의 풍습은 무엇입니까?

① 윷놀이　　　　　　　　　　② 쥐불놀이
③ 연날리기　　　　　　　　　④ 제기차기

> NOTE 쥐불놀이는 들판에 쥐불을 놓으며 노는 풍속으로써 횃불을 들고 들판에 나가 논밭두렁의 잡초 및 잔디 등을 태워 해충의 피해를 줄이고자 하는 의도를 담고 있는 우리나라의 풍습이다.

23 달이 떠오르면 나뭇더미 등에 불을 놓아서 제액초복을 기원하는 우리나라의 풍속을 무엇이라고 합니까?

① 연날리기　　　　　　　　　② 쥐불놀이
③ 달집태우기　　　　　　　　④ 지신밟기

> NOTE 달집태우기는 정월 대보름 무렵에 생솔가지나 또는 나뭇더미 등을 쌓아 '달집'을 짓고 달이 떠오르면 불을 놓아서 제액초복을 기원하는 풍속을 의미한다.
> ※ 제액초복(除厄招福) : 액을 막고 복을 빈다.

answer 21.① 22.② 23.③

24 전라북도 김제 지역에서 음력 7월 7일에 행하는 세시풍속으로, 견우와 직녀가 만나는 날이라고 하는데, 이 날을 무엇이라고 합니까?

① 국군의 날   ② 어린이 날

③ 정월대보름   ④ 칠월칠석

🄱NOTE 칠월칠석은 견우와 직녀가 만나는 날을 의미하는 것이며, 이를 '칠석'이라고도 한다.

25 쇠고기를 얇게 썰어서 양념장에 재워두었다가 구워 먹는 음식으로 우리나라를 대표하는 전통음식 중 하나인 이것을 무엇이라고 합니까?

① 순대   ② 된장찌개

③ 송편   ④ 불고기

🄱NOTE 불고기는 쇠고기를 얇게 썰어서 양념장에 재워두었다가 구워 먹는 음식으로써 한국을 대표하는 전통음식이며, 예전에는 너비아니라고도 하였다.

26 배추를 소금에 절여 헹군 후 기호에 따라 여러 가지 양념을 넣고 담그는 김치를 무엇이라고 합니까?

① 파김치   ② 배추김치

③ 총각김치   ④ 무김치

🄱NOTE 배추김치는 배추를 주재료로 해서 소금에 절여 헹군 후 기호에 따라 여러 가지 양념을 넣고 담그는 김치이다.

 answer 24.④ 25.④ 26.②

148 PART 02. 사회통합프로그램 종합평가 이론

27 다음 그림이 의미하는 것은 무엇입니까?

① 파김치   ② 무김치
③ 갓김치   ④ 백김치

NOTE 파김치는 우리나라의 전라도에서 많이 담그며 주로 중간 굵기의 쪽파로 담근다.

28 절인 무를 여러 가지의 양념으로 버무려 담근 김치는 무엇입니까?

① 무김치   ② 장아찌
③ 백김치   ④ 파김치

NOTE 무김치는 절인 무를 갖가지 양념(멸치액젓, 고춧가루, 다진 마늘 및 생강, 쪽파 등)으로 버무려 담근 김치를 말한다.

29 다음 그림은 무엇입니까?

① 메주   ② 호박

③ 오이   ④ 땅콩

NOTE 메주는 삶은 콩에 밀가루 등의 전분질 원료를 첨가한 것에 메주 곰팡이를 접종 및 배양시켜
서 만든 장의 제조 원료이다.

30 우리나라의 평안도를 비롯한 추운 북쪽지방에서도 즐겨 먹는 김치로 배추를 소금물에 절
여 시원한 국물 맛이 우러나도록 담그는 김치는 무엇입니까?

① 갓김치   ② 파김치

③ 백김치   ④ 무김치

NOTE 백김치는 배추에 고춧가루를 쓰지 않고 무채, 밤, 배, 대추, 석이버섯, 실고추 등으로 속을
채우고 양지머리 육수나 또는 과즙의 국물을 자작하게 부어 익힌 깨끗하면서도 시원한 김치
로 담백한 맛이 일품인 김치이다.

answer 29.① 30.③

31 콩으로 메주를 쑤어 말린 다음 장독에 넣어 발효시켜 만든 한국의 전통음식은 무엇입니까?

① 설탕

② 된장

③ 고추장

④ 간장

NOTE 된장은 콩으로 메주를 만들어서 장을 담가 간장을 떠낸 후, 남은 건더기로 만든 것으로써 한국인들의 식생활에 있어서 상당히 중요한 발효식품이다.

32 다음 중 매운맛을 내는 성분인 캡사이신이 식욕을 돋우고 소화를 촉진시키는 우리나라의 고유 발효식품은 무엇입니까?

① 메주

② 고추장

③ 간장

④ 식초

NOTE 고추장은 쌀가루에 고춧가루, 엿기름, 메줏가루, 소금 등을 섞어 만드는 우리나라의 고유한 발효식품으로 영양이 풍부하고, 동시에 매운맛을 내는 성분인 캡사이신(Capsaicin)이 식욕을 돋우고 소화를 촉진하게 된다.

33 밀이나 메밀과 같은 곡물을 가루 내어 반죽한 것을 가늘게 만든 후, 국물에 말거나 비벼 먹는 것은 무엇입니까?

① 국수

② 오곡밥

③ 비빔밥

④ 탕수육

NOTE 국수는 밀·메밀·감자 등의 가루를 반죽해 얇게 밀어서 썰든가 국수틀로 가늘게 뺀 식품, 또는 그것을 삶아 국물에 말거나 비벼서 먹는 음식이다.

answer 31.② 32.② 33.①

34 우리나라 설날에 밥 대신에 올리는 것으로 나이를 한 살 더 먹는다고 생각하는 음식은 무엇입니까?

① 김치　　　　　　　　　　　　② 젓갈

③ 떡국　　　　　　　　　　　　④ 된장국

> 📝NOTE　떡국은 손으로 길게 만든 하얀 가래떡을 썰어 맑은 장국에 넣고 끓인 음식으로 새해 차례 시에 세찬으로 먹는 시절음식이다.

35 채소를 소금이나 간장 등에 절여서 숙성시킨 저장식품으로 절임류의 일종인 이것은 무엇입니까?

① 메주　　　　　　　　　　　　② 장아찌

③ 녹두전　　　　　　　　　　　④ 파전

> 📝NOTE　장아찌는 채소를 소금이나 간장 등에 절여서 숙성시킨 저장식품으로 장기간 저장해 두고 해당 재료가 귀한 철에 먹는 절임류의 일종이다.

36 다음 중 한식기와, 볏짚, 목재, 흙 등의 자연재료로 마감된 우리나라 전통양식이 반영된 건축물 및 그 부속 건축물을 무엇이라고 합니까?

① 운동장　　　　　　　　　　　② 정원

③ 한옥　　　　　　　　　　　　④ 양옥

> 📝NOTE　한옥은 기둥 및 보가 목구조의 방식이며, 한식지붕틀로 된 구조로 한식기와, 볏짚, 목재, 흙 등의 자연재료로 마감된 우리나라 전통양식이 반영된 건축물이다.

⊙ answer　34.③　35.②　36.③

37 한 명의 소리꾼과 한 명의 고수가 서로 음악적인 이야기를 엮어가며 연행하는 장르를 무엇이라고 합니까?

① 판소리　　　　　　　　　② 사물놀이

③ 아리랑　　　　　　　　　④ 발라드

> **NOTE** 판소리는 장단에 맞춰 부르는 표현력이 풍부한 창 및 일정한 양식을 가진 아니리, 풍부한 내용의 사설 및 너름새 등으로 구연되는 이러한 대중적인 전통은 지식층의 문화와 서민층의 문화를 모두 아우르고 있다.

38 바다의 용왕이 병이 들게 되자 용왕의 약에 쓰일 토끼의 간을 구하기 위해 세상에 나온 자라가 토끼를 꾀어 용궁으로 데리고 가게 된다는 내용의 판소리는 무엇입니까?

① 수궁가　　　　　　　　　② 춘향전

③ 심청전　　　　　　　　　④ 홍길동전

> **NOTE** 수궁가는 바다의 용왕이 병이 들게 되자 용왕의 약에 쓰일 토끼의 간을 구하기 위해 육지로 나온 자라가 토끼를 꾀어 용궁으로 데리고 가게 된다는 내용으로 "토끼타령", "별주부타령", "토별가"라고 부르기도 한다.

39 남자가 성인이 되었을 때 상투를 틀고, 여자가 성인이 되었을 때 비녀를 꽂는 의식을 무엇이라고 합니까?

① 관례 ② 혼례
③ 상례 ④ 제례

NOTE 관례는 남자의 경우에 성인이 되었을 때에는 상투를 올리게 되고, 여자의 경우에는 비녀를 꽂는 성인 의식을 의미한다.

40 동생은 부러진 제비의 다리를 고쳐주고 제비가 물고 온 박씨를 심어 박을 타서 보물들이 나와 부자가 되며, 형은 제비의 다리를 부러뜨리고 그 제비가 물고 온 박씨를 심어 박을 타서 괴물들이 나와 망하게 된다는 이야기의 판소리는 무엇입니까?

① 홍길동전 ② 춘향전
③ 심청전 ④ 흥부가

NOTE 흥부가에서 가난하지만 착한 아우 흥부는 부러져 버린 제비의 다리를 고쳐주고 얼마 후 그 제비가 물고 온 박씨를 심어 박을 타서 보물들이 나와 부자가 되며, 넉넉하고 모진 형 놀부는 제비의 다리를 부러뜨리고 그 제비가 물고 온 박씨를 심어 박을 타서 괴물들이 나와 망하게 된다는 이야기의 판소리이다.

역사  05

01 고조선 건국

① 고조선은 한국사에서 처음으로 등장한 국가로 BC 2333년에 단군왕
검에 의해서 건국되었다. 단군왕검은 당시 지배자를 부르던 이름이
었다.

　㉠ **건국이념** : 홍익인간. 홍익인간이란 '널리 인간 세계를 이롭게 한
　다.'는 뜻으로 우리 민족의 사상적 뿌리이자, 대한민국의 건국이
　념이기도 하다.

　㉡ **고조선의 문화권** : 고조선은 중국 요령 지방을 중심으로 성장하여
　한반도까지 발전하였는데, 이와 같은 사실은 비파형 동검과 고인
　돌의 출토 분포로써 알 수 있다.

고조선의 영토

기출문제

2018년 기출
☑ 요동과 한반도 서북부지역에
　존재한 한국 최초의 국가는
　무엇입니까?

① 고조선
② 고려
③ 명나라
④ 당나라

정답　①

고인돌	비파형 동검

☑ 매년 10월 3일 개천절에 단
군의 제사를 지내는 곳은
어디입니까?

① 벡스코
② 킨텍스
③ 현충원
④ 참성단

🅞정답 ④

ⓒ **단군신화** : 고조선과 관련된 건국신화는 고려의 승려 일연이 지은 「
삼국유사」에 실린 단군신화로 우리 민족의 시조 신화로 널리 알
려져 있다.

ⓔ **참성단** : 인천광역시 강화군 마니산 꼭대기에 위치한 곳으로 단군
이 하늘에 제사를 올리기 위해 쌓았다고 전해지는 제단이다. 해
마다 10월 3일 개천절이면 참성단에서 단군의 제사를 지낸다.

ⓜ **고조선의 특징** : 고조선은 노비가 존재하던 신분제 사회였으며, 8
조법과 같은 법률로 통치하던 국가였다. 8조법은 8가지 금기되는
내용으로 현재는 아래와 같이 3가지만이 전해져 오고 있다.

구분	내용
살인죄	사람을 죽인 자는 바로 죽인다.
절도죄	남의 물건을 훔친 자는 남자인 경우 그 집의 노로, 여자인 경우 비로 되나, 스스로 속하려 하는 자는 오십만 전을 내야 한다.
상해죄	남에게 상해를 가한 자는 곡물로 배상한다.

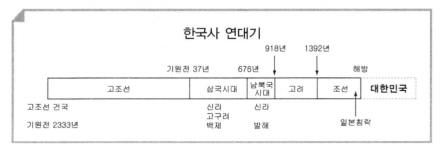

한국사 연대기

02 삼국시대

① **삼국시대** … 고조선 멸망 이후 흩어져 있던 작은 국가들이 모여 고구
려, 백제, 신라로 합쳐진 시기를 삼국시대라 한다. 삼국시대에 국가는
고구려, 백제, 신라 순으로 건국되었다.

② **고구려**

　㉠ **시조** : 고구려를 건국한 사람은 '주몽'으로 기원전 37년 압록강 지역
　에서 건국하였다.

　㉡ **고구려의 유명한 왕**

구분	내용
광개토대왕	백제의 수도인 한성을 침공하여 남쪽 영토를 임진강과 한강까지 확장시켰고, 북쪽으로 만주까지 영토를 확장시켰다.
장수왕	광개토대왕의 맏아들로 도읍을 국내성에서 평양으로 옮기고 고구려의 영토를 크게 확장시킨 인물이다.

　㉢ **살수대첩** : 중국 수나라의 30만 대군의 군대가 고구려를 침공하자
　고구려 을지문덕 장군이 살수 지역에서 몰살시켜 크게 격파한 전
　쟁을 말한다.

　㉣ **광개토대왕비** : 장수왕 2년(414)에 건립된 것으로 만주 집안현 국
　내성에 위치한 업적을 적어놓은 비석이다. 비문에는 고구려 건
　국, 광개토대왕의 업적 등 영토 확장 과정이 잘 드러나 있다.

③ **백제**

　㉠ **시조** : 백제의 시조는 온조로 고구려 이주민 세력이며, 본래 백제
　지역에 살고 있던 토착민들과 결합하여 백제가 성립되었다. 백제
　는 한강 유역을 중심으로 발달했으며 삼국 중 가장 빨리 성장하
　였다.

✓ 우리나라를 자력으로 하여 삼
국을 통일한 국가는 고려이다.

ⓒ 백제의 유명한 왕

구분	내용
근초고왕	4세기 때 황해도 일부지역에 진출하고 전라도 지역의 마한 잔존 세력을 병합하여 백제의 전성기를 이루었다.
의자왕	백제의 마지막 왕으로 초기에는 활발하게 신라와 싸워 영토를 넓히기도 했으나 당나라와 신라의 연합 공격에 의해 백제가 멸망하였다.

ⓒ 무령왕릉 : 백제 유물 가운데 대표적인 것으로 충청남도 공주시 금성동 송산리 고분군 내에 있는 백제 제25대 무령왕과 왕비의 무덤인 무령왕릉이 있다.

ⓔ 멸망 : 신라와 당나라가 연합한 나당연합군이 황산벌에서 백제의 계백 장군을 파한 후에 사비성으로 진출하였다. 이미 내부적으로 정치 질서의 문란과 지배층의 향락으로 국가적 일체감을 상실한 백제는 사비성이 함락되면서 660년 멸망하였다.

④ **신라**

ⓐ 시조 : 경주의 토착집단과 유이민 집단의 결합으로 '박혁거세'에 의해 건국되었다.

ⓑ 신라의 유명한 왕

구분	내용
진흥왕	신라의 제24대 왕으로 영토 확장과 국가 발전을 위한 인재를 양성하기 위하여 화랑도를 국가적인 조직으로 재편하기도 하였다.
법흥왕	금관가야를 정복하여 낙동강까지 영토를 확장하고, 이차돈의 순교로 불교를 공인하면서 독자적 연호인 건원을 사용하였다.
선덕여왕	신라 제27대 왕으로 632~647년 동안 신라를 다스린 여왕이다.

✔ 신라시대에 있었던 청년단체는 화랑도이다.

ⓒ 유물

구분	내용
단양적성비	국보 제198호인 단양적성비는 진흥왕 때 단양 일대의 고구려 영토 차지를 기념하는 비석으로 관직명과 율령정비를 알 수 있다.
진흥왕 순수비	국토 확장 및 국위 선양 기념을 위한 비석이다.
첨성대	별을 보기 위하여 높이 쌓은 건축물로 높이 약 9.5m이며 국보 제31호로 지정되었다.

ⓔ **삼국의 통일** : 신라는 당나라 연합군과의 공격으로 660년 백제를, 668년에는 고구려를 멸망시켰다. 신라의 통일은 최초의 민족 통일로 민족 문화 발전의 계기를 마련한 것으로 평가된다.

✓ 우리나라를 자력으로 하여 삼국을 통일한 국가는 고려이다.

03 남북국시대

① **발해 건국**

ⓐ **시조** : 발해를 건국한 사람은 대조영이다. 대조영은 고구려 장수 출신으로 고구려 유민과 말갈족을 이끌고 중국 지린성 동모산 근처에 도읍을 정하고 발해를 698년에 건국하였다. 이로써 한반도에서 통일신라와 함께 남북국의 형세를 갖추게 되었다.

ⓑ **문화적 특색** : 발해는 고구려의 문화적 색채가 강한데, 이는 일본에 보낸 외교 문서에 '고려왕'이라고 하는 것에서 알 수 있다.

ⓒ **해동성국** : 해동성국이란 바다 동쪽의 전성기를 맞이한 나라란 뜻으로 9세기경 발해의 전성기를 이르는 말이다. 이 시기에는 대부분의 말갈 부족 흡수, 옛 고구려 영토 대부분을 차지, 최대 영토를 확보하기도 하였다.

ⓔ **멸망** : 9세기 후반부터 귀족들 간 내분으로 인해 국력이 약화되면서 거란족에 의해 멸망하게 되었다.

기출문제

2018년 출제

☑ 다음을 역사 순서대로 배열하시오.

조선, 고려, 통일신라, 백제

① 조선 → 고려 → 백제 → 통일신라
② 고려 → 조선 → 백제 → 통일신라
③ 백제 → 통일신라 → 고려 → 조선
④ 통일신라 → 백제 → 조선 → 고려

◎정답 ③

② **통일신라** … 삼국을 통일한 신라는 강화된 경제력과 군사력을 토대로 왕권을 강화했지만 귀족들의 잦은 왕위 다툼 등으로 결국 고려에 멸망하고 말았다.

㉠ 문화재

구분	내용
석굴암	통일신라시대에 경주 토함산에 세워진 석굴사원으로 국보 제24호로 지정되어 있다.
불국사	경상북도 경주시 진현동에 위치한 불교 유적인 불국사는 1996년에 유네스코 세계문화유산으로 지정되었다.

남북국시대

04 고려시대

① **후삼국 시대** … 통일신라 말기에 중앙 귀족들 사이에 왕위 쟁탈전이 치열해지면서 왕권이 약화되고 귀족 연합적인 정치가 운영되었다. 지방 세력들도 왕위 쟁탈전에 가담하여 중앙 정부의 지방에 대한 통제력이 약화되면서 지방의 토착 세력인 호족들이 등장하였다.

    ㉠ **후백제 건국** : 이들은 혼란한 시대에서 독자적인 정권을 수립하면서 견훤이라는 인물이 먼저 전라도 지방의 군사력과 호족 세력을 토대로 지금의 전라북도 전주에 도읍을 정하고 '후백제'를 세웠다(900년).

    ㉡ **후고구려 건국** : 신라 왕실의 후손 궁예가 지방의 호족세력을 토대로 후고구려를 건국하였다(901년). 궁예는 농민에 대한 지나친 조세를 부과하였고 미륵신앙을 이용해 국민의 정치참여와 자유권이 보장되지 않는 전제정치를 실시하면서 신하들에 의해 축출되었다.

② **고려의 건국**(918년)

    ㉠ **왕건의 집권** : 궁예를 몰아 낸 신하들에 의해 왕위에 오른 '왕건'은 고구려 계승을 내세워 국호를 '고려'라 하고, 자신의 세력 근거지였던 지금의 황해도 개성으로 수도를 옮겼다.

    ㉡ **민족의 통합** : 왕건은 지방 세력을 흡수·통합하고, 밖으로는 중국의 여러 나라와 외교 관계를 맺어 대외 관계의 안정을 꾀하는 한편, 후백제를 정벌하여 후삼국뿐만 아니라 발해의 고구려 유민까지 포함한 민족의 재통일을 이룩하였다.

③ **고려의 경제와 유물**

    ㉠ **친송정책** : 고려는 정치적으로 송나라와 밀접한 친밀관계를 맺으면서 빈번한 교역을 통해 서로의 문물을 교환하였다.

    ㉡ **수입품** : 송나라에서 수입하는 물품은 주로 귀족들의 사치품인 비단·자기·약재·악기·향료·문방구(종이·붓·먹) 등이었다.

☑ 고려를 세운 왕은 누구인가?

① 왕건
② 이순신
③ 신돈
④ 이성계

정답 ①

기출문제

2018년 출제
☑ 고려시대 외적의 침입을 막고 평화를 기원하며 만든 경판은 무엇입니까?

① 경천사 10층 석탑
② 만파식적
③ 고려청자
④ 팔만대장경

정답 ④

ⓒ **수출품** : 고려의 수출품으로는 금·은·구리·인삼 등이었다.

ⓔ **고려청자** : 푸른빛이 감도는 고려청자는 지배층의 수요로 인해 9세기 후반~10세기 때부터 전남 강진 지방에서 제작되었다.

ⓜ **팔만대장경** : 몽골이 고려를 침입하자 부처의 힘으로 몽골군을 물리치기 위해 만든 대장경으로 국보 제32호로 지정되었으며 합천 해인사에 보관 중이다.

ⓗ **직지심체요절** : 세계에서 가장 오래된 금속 활자로 인쇄된 책으로 프랑스 국립도서관에 보관되어 있으며, 유네스코 세계기록유산으로 지정되어 있다.

④ **고려시대의 중요한 역사적 사실**

㉠ **거란의 침략** : 고려는 중국의 송나라와는 친선관계를 유지했으나 거란은 배척하였는데 이를 빌미로 거란은 고려를 3차례에 걸쳐 침략을 하였다.

구분	내용
1차 침입	고려의 문신인 서희가 거란의 소손녕과 담판으로 강동 6주를 확보하였으며, 거란과 교류관계를 맺었다.
2차 침입	고려의 계속되는 친송정책으로 인해, 거란의 40만 대군이 침입하여 수도가 함락되었으나, 양규 장군이 귀주 지역에서 거란군을 물리쳤다.
3차 침입	거란의 강동 6주 반환요구를 거절하자, 거란의 10만 대군이 침입하였으나 강감찬 장군 등이 또다시 귀주에서 격퇴하였다.

㉡ **몽고 침입** : 부족 단위로 유목 생활을 하던 몽골족이 통일된 국가를 형성하면서 고려에도 큰 영향을 미쳤다. 특히 몽고는 과중한 공물을 요구하였으며, 몽고의 사신 저고여가 피살되는 사건이 일어나자 이를 빌미로 몽고가 고려로 침략 전쟁을 하게 되었다. 몽고와의 긴 항쟁은 전 국토가 황폐화되고 민생이 도탄에 빠지게 만들었다.

구분	내용
제1차 침입 (1231년)	몽고 사신 저고여의 피살을 구실로 몽고군이 침입하였고, 귀주성에서 박서가 항전하였으나, 강화가 체결되고 몽고는 서경 주변에 다루가치라는 감찰사를 설치한 후에 철수를 하였다.
제2차 침입 (1232년)	몽고의 요구에 반발하여 최우가 강화도로 천도하자 몽고는 침입을 하였고, 처인성에서 김윤후가 몽고 장수 살리타를 사살하자 철수하였다.
제3차 침입 (1235년)	• 몽고는 남송 정복을 앞두고 고려의 배후를 제거할 목적으로 침입을 하였고 1~2차 정복 실패를 만회하기 위한 장기적인 무력공세로 고려에 가장 큰 피해를 준 침입이었다. • 이때 황룡사 9층탑, 대구 부인사 대장경판이 소실되기도 하였다.

ⓒ 과거제도 : 과거제도란 일정한 시험을 거쳐 관리를 등용하는 제도로 고려시대 광종 때 처음 실시되었다.

05 조선시대

① **조선의 건국**(1392) … 고려 말기 요동을 정벌하기 위해 나선 이성계가 압록강 하류에 있는 위화도에서 회군하여 고려의 정권을 장악하고, 이성계와 급진적인 개혁파는 온건개혁파를 제거하고 조선을 창건하였다.

ㄱ **국호 개정** : 이성계는 국호를 '조선'이라 하여 고조선의 후계자임을 자처하였다.

ㄴ **수도의 이동** : 한양(지금의 서울)은 풍부한 농업생산력을 보유하였고 교통과 군사의 중심지 역할을 하는 곳으로 수도를 한양으로 이동하였다.

기출문제

2017년 출제

☑ 조선시대 비의 양을 측정하는 도구는 무엇입니까?

① 자격루
② 측우기
③ 혼천의
④ 해시계

정답 ②

② **세종대왕** … 세종대왕은 집현전을 설치하여 유학자를 우대하고, 한글을 창제하였으며, 이 시기에는 측우기와 혼천의, 해시계(양부일구) 등을 발명하는 등 과학과 농업 기술의 발달을 가져왔다.

구분	내용
측우기	비가 내리는 양을 알 수 있는 강우량 측정 기구로 철제로서 그 안에 괴는 빗물의 깊고 얕음을 자로 측정하도록 되어 있다. 현재 측우기는 금영측우기(보물 제561호)가 1개 남아 있다.
혼천의	천체의 운행과 그 위치를 측정하던 천문관측기로 천체의 위치를 관측하는 데 사용된다.
양부일구	조선 세종 때 처음 만들어진 대표적인 해시계로 1985년 8월 9일 보물 제845호로 지정되었다.
농사직설	세종 때 편찬한 농서이다.

③ **조선시대 각종 제도**

㉠ **신분제도** : 조선시대는 총 4가지 계급으로 나뉘었는데 양반, 중인, 상민, 천민으로 나뉜다.

구분	내용
양반	문반과 무반을 통합하여 부르던 말로서, 이들은 농사나 공업, 상업에 종사하지 않고 공부하여 과거를 거쳐 아무 제한 없이 고급 관직으로 승진할 수 있는 특권층이다.
중인	양반과 평민의 중간에 있던 신분 계급으로 세습적인 기술직이나 사무직에 종사하던 이들이다.
상민	대부분 농사를 지으며 국가에 세금을 바쳤는데, 항상 일정한 생활을 한다 해서 '상인'이라 부르기도 했다.
천민	노예를 가리키는 말로 사회적으로 천시받았던 화척·백정(도축업자)·광대·사당·무격·창기·악공 등을 지칭한다.

㉡ **봉수제** : 군사적 목적이 중시된 통신제도로, 밤에는 불과 낮에는 연기를 이용하여 연락을 취해 급한 소식을 전하였다.

ⓒ **역참제도** : 국가의 명령이나 공문서, 정보의 전달을 비롯해 좀 더 폭넓은 교통 · 통신수단으로 전국의 주요 지역에 '역'을 설치하고, 그곳에 병졸과 말을 두어 국가나 관청의 소식을 전달하는 사람들에게 편의를 제공하는 제도를 말한다. 먼 곳에서는 하루에 소식을 전할 수 없으므로, 숙박을 하는 것이 불가피할 경우 이를 위해 공무 출장자들에게 숙식을 제공하는 '원'을 두었는데, 현재 이태원, 퇴계원, 장호원, 조치원, 사리원, 역촌동 등의 지명이 아직까지 남아 사용되고 있다.

④ **조선시대의 예술과 유물**

㉠ 한양 4대문

구분	명칭
동대문	흥인지문(보물 제1호)
서대문	돈의문
남대문	숭례문(국보 제1호)
북대문	숙정문

㉡ **훈민정음** : 조선시대에 한글이 창제 · 반포되었을 당시의 공식 명칭으로 1997년 10월 훈민정음을 세계기록유산으로 등록하여 그 가치를 세계적 차원에서 인정하였다.

㉢ **몽유도원도** : 조선 초기의 화가 안견이 그린 수묵산수화로 꿈속에서 노닌 복사꽃 핀 마을을 비단에 채색하여 묘사하였다.

㉣ **안동하회탈 및 병산탈** : 경상북도 안동군 하회마을과 그 이웃인 병산마을에 전해 내려오는 탈로서 현존하는 가장 오래된 탈놀이 가면으로 국보 제121호로 지정되어 있다.

⑤ **임진왜란**(1592년) … 일본인의 무역 요구가 늘어난 데 대해 조선 정부의 통제가 강화되면서 불만이 커지자 일본의 20만 대군이 조선을 기습하는 임진왜란을 일으켰다. 일본군은 평양, 함경도까지 침입하였고 이에 조선은 중국 명나라에 파병을 요청하였다.

기출문제

매년 출제

☑ 다음 중 임진왜란에서 가장 큰 활약을 한 사람은 누구입니까?

① 이율곡
② 원술
③ 이순신
④ 임꺽정

◎정답 ③

㉠ **이순신의 활약** : 전라좌수사인 이순신은 일본 수군을 격파하기 위해 판옥선과 거북선을 축조하고, 수군을 훈련시켰으며, 사천포(거북선을 이용한 최초의 해전), 당포(충무), 당항포(고성), 한산도(학익진 전법) 등지에서 승리를 거두어 남해의 제해권을 장악하여 전세 전환의 계기를 마련하였다. 이순신은 이때 당시를 기록한 친필일기인 난중일기를 남기기도 하였다.

구분	내용
한산도 대첩	1592년 8월 14일 한산도 앞바다에서 일본 수군을 크게 물리친 전투이다.
명량해전	1597년 이순신의 수군이 일본수군을 격퇴
노량해전	1598년 일본군을 물리치고 이순신 장군이 전사하였다.

㉡ **임진왜란 영향** : 인구와 농토가 격감되고 농촌이 황폐화되어 민란이 발생하였다. 또한 국가재정 타개책으로 공명첩을 대량으로 발급하여 신분제가 동요되었다.

⑥ **후금의 침략**

㉠ **정묘호란** : 1627년 조선과 후금 사이에 일어난 전쟁으로 후금이 황해도 황주까지 공격하였으며, 이립·정봉수 등은 의병을 조직하여 용골산성과 의주지방에서 활약하였다. 강홍립의 중재로 정묘조약(형제관계, 명·후금 사이에 중립유지)이 이루어져 후금의 군대는 철수하였다.

㉡ **병자호란**(1636년) : 후금이 중국을 장악한 후 국호를 청으로 고치고 군신관계를 요구하자 조선이 거부하면서 발생한 전쟁이다. 청나라 태종이 한양을 점령하였고 인조는 남한산성에 피난하여 항전을 하였으나 삼전도에서 항복을 하게 된다. 그 결과 청과 군신관계를 맺게 되고, 소현세자·봉림대군(효종)이 인질로 잡혀가게 되었다.

⑦ **일본과 서양열강의 침략**

ㄱ **흥선대원군 집권** : 고종의 아버지인 흥선대원군이 집권한 19세기 중엽 조선 사회는, 안으로는 극소수의 권세가를 중심으로 국가가 운영된 세도 정치에 저항하는 민중 세력이 성장하고 있었고, 밖으로는 일본과 서양 열강이 침략해 오고 있었다.

ㄴ **척화정책** : 흥선대원군의 천주교 탄압에 대한 보복으로 프랑스군이 침입한 사건인 병인양요(1866년)와 미국 아시아함대가 강화도에 쳐들어온 신미양요(1871년)를 거치면서 서양 제국주의 세력의 침략을 경계하기 위해 전국 각지에 척화비를 세우고, 통상 수교 거부 정책을 확고하게 유지하였다. 이러한 대외 정책은 외세의 침략을 일시적으로 저지하는 데에는 성공하였으나, 조선의 문호 개방을 늦추는 결과를 초래하였다.

ㄷ **일본과의 수교** : 일본은 한반도 침략을 노리며 운요호 사건을 일으켰으며 이를 계기로 조선은 일본과 강화도 조약을 맺게 되었다(1876년). 강화도 조약은 우리나라 최초의 근대적 조약이었지만, 일본에게 조선의 영토 안에 있으면서 통치권의 지배를 받지 아니하는 치외법권과 해안 측량권 등을 내준 점에서 불평등 조약이었다.

ㄹ **서양 열강들과 조약** : 조선은 그 다음으로 미국과 조약을 맺고 영국, 독일, 러시아, 프랑스 등 서양 열강과도 외교 관계를 맺었다.

ㅁ **동학농민운동** : 1894년 전라도 고부지역에서 전봉준을 비롯한 동학계 농민들을 주체로 하여 일어난 농민혁명운동으로 전라도 고부 군수 조병갑의 전횡으로 일어난 농민운동이다.

ㅂ **갑오개혁** : 종래의 문물제도를 서양의 제도를 본받아 근대적으로 변혁하기 위한 운동을 말한다. 갑오개혁의 주된 내용은 왕권을 제한하고, 신분제를 철폐하며, 각종 폐습을 타파한다는 것이었다.

ㅅ **대한제국 수립** : 1897년 고종은 자주 독립의 근대 국가를 세우려는 국민적 열망과 러시아를 견제하려는 국제 여론에 힘입어 대한제국을 수립하였다. 국호를 대한제국, 연호를 광무라 부르며 왕의 명칭을 황제로 바꾸면서 대한제국의 성립을 선포하였다.

⑧ **을사조약** … 1905년 일본이 한국의 외교권을 박탈하기 위하여 강제로 체결한 조약이다.

---

06 일제강점기 시대의 조선

① **다양한 항일 운동 전개** … 일제의 주권 침탈에 대해 각계각층에서는 조선을 일본에 팔아넘기도록 한 을사 5적(이완용, 박제순, 이지용, 이근택, 권중현)을 규탄하고, 조약 폐기를 위해 다양한 형태로 항일 운동을 전개하였다.

② **독립운동가**

　㉠ **안중근** : 조선 말기의 교육가·의사이자 독립운동가로 삼흥학교를 세우는 등 인재양성에 힘썼으며, 만주 하얼빈에서 침략의 원흉 이토 히로부미를 사살하고 사형되었다.

　㉡ **윤봉길** : 1932년 4월 29일 상하이 홍커우 공원에서 열린 일본군의 상하이 점령 전승경축식에서 일본의 수뇌부를 향해 폭탄을 던진 독립운동가로 현장에서 체포되어 총살되었다.

　㉢ **유관순** : 아우내 장터에서 군중에게 태극기를 나눠주는 등 만세 시위를 주도하다가 체포되어 모진 고문 끝에 옥사하였다.

　㉣ **김좌진** : 청산리 대첩을 승리로 이끈 독립 운동가로 1930년 공산주의자 박상실에게 피살되었다.

　㉤ **안창호** : 독립운동가이자 교육자로 독립협회에 가입하였고 쾌재정에서 민중의 각성을 촉구하는 연설로 명성을 얻었다.

　㉥ **이육사** : 일제 강점기에 끝까지 민족의 양심을 지키며 죽음으로써 일제에 항거한 문학인으로 1944년 베이징에 있는 일본총영사관 감옥에서 순국하였다.

　㉦ **김원봉** : 항일 무장 독립 운동 단체인 의열단을 조직하여 국내의 일제 수탈 기관 파괴, 요인암살 등 무정부주의적 투쟁을 하였다.

③ **3·1 운동** … 일제 강점기에 있던 한국인들이 일제의 지배에 항거하여 1919년 3월 1일 독립을 선언하고 비폭력 만세운동을 시작한 사건이다. 이 만세 운동을 주도한 인물들을 민족대표 33인으로 부른다.

④ **독립** ··· 1945년 8월 15일 일본 왕인 히로히토가 라디오로 항복선언을 하여 일본이 패망하고 조선이 일제 통치에서 해방된 것으로 매년 8월 15일을 광복절로 기념하고 있다.

07 대한민국 정부

기출문제

① **남북 분단** ··· 미군과 소련군의 군정이 시작되었고, 남한과 북한에서 각각 단독정부를 수립하려는 움직임이 활발하였다. 이에 반발한 몇몇 인사들이 통일정부 수립 추진을 벌였지만 실패로 돌아갔다.

    ㉠ 5 · 10 총선거의 실시 : 남한만의 단독선거가 실시되었다. 북한에서는 소련의 지원하에 김일성을 위원장으로 하는 북조선 임시 인민 위원회가 조직되어 토지 개혁, 주요 산업의 국유화 등을 단행하였다. 이후, 남한에서 대한민국 정부가 수립되자 북한에서도 조선 민주주의 인민 공화국이 세워졌다.

    ㉡ 제헌국회의 구성 : 민주공화국 체제의 헌법이 제정되었다.

    ㉢ 대한민국 정부 수립 : 제헌국회에서 대통령으로 선출된 이승만이 정부를 구성하고 대한민국 수립을 선포하였다.

    ㉣ 6 · 25 전쟁 : 북한은 소련의 지원하에 1950년 6월 25일 새벽에 남침을 강행하였다. 유엔은 전쟁이 나자 안전 보장 이사회를 소집하여 북한의 남침을 침략 행위로 규정하였고 이후, 유엔군과 북한군 및 중국군 사이에 휴전 회담이 진행되어 1953년 7월 27일에 휴전 협상이 체결되었다. 3년간 계속된 6 · 25 전쟁으로 우리 민족은 엄청난 피해를 입었다. 수백만 명의 사상자가 생기고 고아, 이산가족이 발생하였으며, 전 국토가 초토화되어 대부분의 산업 시설이 파괴되었다.

② **4 · 19 혁명** ··· 1960년 이승만이 이끄는 자유당 정권의 부정선거로 인해 학생과 시민 중심의 전국적인 시위가 발생하였으며 그 결과 이승만 정권은 붕괴되었다.

③ **장면 정부** ··· 내각책임제와 양원제 국회의 권력구조였으며, 사회 무질서와 혼란은 지속되었다.

④ **5·16 군사정변**(1961년) ⋯ 박정희 정부는 대통령 중심제와 단원제 국회의 권력 구조로 헌법을 개정하였다.

⑤ **10월 유신**(1972년) ⋯ 박정희는 종신집권을 위해 대통령 1인 독재 체제인 유신체제를 구축하였고 민중의 끊임없는 저항을 받았다. 그리고 마침내 10·26 사태가 일어나 유신체제는 막을 내렸다.

⑥ **전두환 정부** ⋯ 박정희 사후 12·12 군사 반란을 일으켜 군부를 장악한 인물로 1980년 9월 대한민국의 제11대 대통령에 취임하였으며, 1995년에 내란죄 및 반란죄 수괴 혐의로 1심에서는 사형을 항소심에서 무기징역을 선고받았으나 1997년 12월에 사면됐다. 당시 전두환은 특가법상 뇌물수수죄로 추징금 2,200억 원을 선고받았다. 2013년 9월에 추징금 완납계획을 발표했으나 아직 완납하지 않은 상태이다.

⑦ **노태우 정부** ⋯ 대한민국의 제13대 대통령이며, 전두환과 함께 내란죄 및 반란죄 수괴 혐의로 실형을 선고받았으나 1997년에 특별사면을 받고 복권되었다.

⑧ **김영삼 정부** ⋯ 대한민국의 제14대 대통령으로 금융실명제와 지방자치제를 실시하였다.

⑨ **김대중 정부** ⋯ 외환위기를 극복하고, 민주주의와 시장경제의 병행 발전을 도모하였다.

⑩ **노무현 정부** ⋯ 정경유착의 단절, 권위주의 청산, 시민사회의 성장 등을 추구하였다.

⑪ **이명박 정부** ⋯ 한미동맹을 강화하였으며, 무역 1조달러 달성과 원전 수출국 도약 및 평창 동계 올림픽을 유치하였다.

⑫ **박근혜 정부** ⋯ 대한민국 제18대 대통령으로 임기 중 최순실국정농단 사건으로 탄핵되었다.

⑬ **문재인 정부** ⋯ 판문점에서 북한 김정은 위원장과 남북정상회담을 실시 하였으며, 평양을 방문하여 정상회담을 가졌다.

⑭ **윤석열 정부** ⋯ 검찰총장 출신으로 대한민국 제20대 대통령에 당선되었다.

매년 출제
☑ 다음 중 우리나라 대통령의 임기는?

① 3년
② 4년
③ 5년
④ 6년

정답 ③

05 출제예상문제

01 고조선의 건국이념은 무엇입니까?

① 홍익인간 ② 상선약수
③ 무위자연 ④ 인의예지

> **NOTE** ① 고조선은 한국사에서 처음으로 등장한 국가로 BC 2333년에 단군왕검에 의해서 건국되었다. 홍익인간이란 '널리 인간 세계를 이롭게 한다.'는 뜻으로 우리 민족의 사상적 뿌리이자, 대한민국의 건국이념이기도 하다.

02 고조선을 대표하는 유물은 무엇입니까?

① 고인돌 ② 첨성대
③ 무령왕릉 ④ 팔만대장경

> **NOTE** ① 고조선은 중국 요령 지방을 중심으로 성장하여 한반도까지 발전하였는데, 이와 같은 사실은 비파형 동검과 고인돌의 출토 분포로써 알 수 있다.

03 고조선시대에 단군이 하늘에 제사를 올리기 위해 쌓았다고 전해지는 제단을 무엇이라 합니까?

① 초지진 ② 참성단
③ 선잠단 ④ 사직단

> **NOTE** ② 참성단은 인천광역시 강화군 마니산 꼭대기에 위치한 곳으로 단군이 하늘에 제사를 올리기 위해 쌓았다고 전해지는 제단이다. 해마다 10월 3일 개천절이면 참성단에서 단군의 제사를 지낸다.

⊙ answer 01.① 02.① 03.②

04 중국 수나라의 30만 대군이 고구려를 침공하자 고구려의 장군 을지문덕이 살수 지역에서 수나라 군 전부를 몰살시킨 전쟁은 무슨 전쟁입니까?

① 명량해전   ② 귀주대첩

③ 봉오동전투   ④ 살수대첩

> **NOTE** ④ 살수대첩은 중국 수나라의 30만 대군 군대가 고구려를 침공하자 고구려 을지문덕 장군이 살수 지역에서 거의 전부를 몰살시켜 크게 격파한 전쟁을 말한다.

05 백제의 마지막 왕은 누구입니까?

① 근초고왕   ② 의자왕

③ 선덕여왕   ④ 광개토대왕

> **NOTE** ② 의자왕은 백제의 마지막 왕으로 초기에는 활발하게 신라와 싸워 영토를 넓히기도 했으나 당나라와 신라의 연합 공격에 의해 백제가 멸망하였다.

06 다음 중 고려시대와 관련이 적은 것을 고르시오.

① 왕건   ② 고려청자

③ 조선백자   ④ 몽고침입

> **NOTE** ③ 조선백자는 조선시대에 만들어진 흰빛의 도자기이다.

answer 04.④ 05.② 06.③

07 조선 한양의 4대문이 아닌 것은 무엇입니까?

① 흥인지문   ② 돈의문

③ 숙정문   ④ 창의문

NOTE ④ 창의문은 해당되지 않는다.

※ 한양 4대문

구분	명칭
동대문	흥인지문(보물 제1호)
서대문	돈의문
남대문	숭례문(국보 제1호)
북대문	숙정문

08 조선시대에 문반과 무반을 합쳐서 무엇이라고 합니까?

① 중인   ② 천민

③ 양반   ④ 상민

NOTE 양반은 문반과 무반을 통합하여 부르던 말로 이들의 경우 농사, 상·공업 등에 종사하지 않으며 주로 학문에 매진하여 과거시험을 본 후 관리로 진출하게 되는 계층을 의미한다.

answer 07.④ 08.③

09 러시아에서 의병활동을 하다가 1909년 초대 조선통감이었던 이토 히로부미를 조선 침략의 원흉으로 지목하여 하얼빈에서 권총으로 사살한 독립운동가는 누구입니까?

① 봉중근   ② 안중근

③ 이택근   ④ 안창호

> **NOTE** 안중근은 한말의 독립운동가이며, 1907년 이전에는 교육운동 및 국채보상운동 등의 계몽운동을 벌였었고, 그 후에 러시아에서 의병활동을 하다가 1909년 초대 조선통감이었던 이토 히로부미를 조선 침략의 원흉으로 지목하여 하얼빈에서 권총으로 사살하였다.

10 다음 중 청산리 전투에서 일본군을 격파한 사람은 누구입니까?

① 시라소니   ② 김두한

③ 김좌진   ④ 구마적

> **NOTE** 김좌진은 우리나라의 독립운동가이며, 청산리 80리 계곡에서 유인되어 들어온 일본군을 맞아 백운평·천수평·마록구 등지에서 3회의 격전을 전개하여 일본군 3,300여 명을 섬멸한 장군이다.

answer 09.② 10.③

11 다음 중 조선시대의 현모양처로 인품과 재능을 겸비한 여성으로 알려져 있으며, 시와 그림에 능한 여류 예술가는 누구입니까?

① 신사임당　　　　　　② 양귀비
③ 박근혜　　　　　　　④ 이수지

> **⚲NOTE** 신사임당은 시와 그림에 능한 예술가이자 율곡 이이를 낳은 훌륭한 어머니이며, 현재 우리나라 화폐 5만 원권의 인물이다.

12 다음 중 조선시대에 동의보감을 집필한 사람은 누구입니까?

① 주몽　　　　　　　　② 허준
③ 왕건　　　　　　　　④ 양만춘

> **⚲NOTE** 허준은 선조와 광해군 시대에 어의를 지냈으며 1610년(광해군 2)에 조선 한방의학의 발전에 기여한 「동의보감」을 완성하였다.

06 정치 · 법 · 경제

기출문제

2017년 기출
☑ 삼권분립에 의하여 행정을 맡
아보는 기관은 어디입니까?

① 사법부
② 행정부
③ 입법부
④ 환경부

● 정답 ②

01 정치제도

(1) 정치

① **민주주의 공화국** … 대한민국은 3권 분립의 원칙에 따라 입법부, 사법부, 행정부로 나뉘며, 이를 각각 별개의 독립된 기관에 분담시켜 상호 간에 견제와 균형을 유지하게 함으로써 국가권력의 집중과 남용을 방지하고 있다.

구분	내용
행정부	대통령을 최고권자로 하여 입법부에서 법률로써 정한 사안들을 실행하여 국가행정을 맡아보는 기관을 말한다.
사법부	사법부는 법에 따라 재판을 하는 기관으로, 대법원이 관할하는 모든 기관을 가리킨다.
입법부	입법부는 국민에 의하여 선출된 의원들이 국회에 모여 법을 만들고 중요한 국책 결정에 참여하는 회의체 국가기관이다.

② **행정부**(대통령제) … 대한민국은 자유민주공화국으로 대통령제를 기본으로 하여, 의원내각제적 요소를 혼합한 정치제도로 대통령은 정부의 수반으로서 법령에 따라 모든 중앙행정 기관의 장을 지휘 · 감독한다. 대한민국 정부는 입법부, 행정부, 사법부의 헌법기관으로 구성되어 있지만 흔히 사람들이 정부라 부르는 경우 이는, 좁은 의미로 행정부만을 일컫는다.

③ **입법부**(국회) … 국민들이 선거로 뽑은 국민의 대표인 국회의원들이 모여 국민의 뜻에 따라 법을 만드는 기관이다. 국회의사당에서 국회 일정을 진행하며, 국회의사당은 서울특별시 여의도에 위치하고 있다.

(2) 정부조직

국무총리는 대통령의 명을 받아 각 중앙행정기관의 장을 지휘·감독하며, 행정 각 부는 장관 책임 하에 다음과 같은 업무를 맡고 있다.

기출문제

2017년 출제
☑ 다음 중 법을 제정하는 곳은 어디입니까?

① 대법원
② 청와대
③ 국회
④ 과천정부청사

정답 ③

구분	내용
행정안전부	안전 및 재난에 관한 정책의 수립·총괄·조정, 비상 대비와 민방위제도, 국무회의의 서무, 법령 및 조약의 공포, 정부조직과 정원, 공무원의 인사·윤리·복무·연금, 상훈, 정부 혁신, 행정 능률, 전자정부 운영, 개인정보보호, 정부청사의 관리, 지방자치제도, 지방자치단체의 사무지원·재정·세제, 낙후지역 등 지원, 지방자치단체 간의 분쟁 조정, 선거, 국민투표에 관한 사무, 그밖에 국가의 행정사무로서 다른 중앙행정기관의 소관에 속하지 않는 사무를 관장
기획재정부	중·장기 경제사회 발전방향과 연차별 경제정책 방향의 수립 및 총괄·조정, 전략적 재원 배분과 배분된 예산의 성과에 대한 평가, 조세정책과 제도의 기획·입안 및 총괄·조정, 국고·국유재산·정부회계와 국가채무에 관한 정책 수립과 관리 총괄, 외국환과 국제금융에 관한 정책 총괄, 대외협력과 남북 경제교류 협력의 증진, 공공기관의 운영에 관한 관리·감독 등을 수행
교육부	인적자원 개발정책과 학교교육, 평생교육 및 학술에 관한 사무를 관장
과학기술정보통신부	과학기술정책의 수립·총괄·조정·평가, 과학기술의 연구개발·협력·진흥·예산, 과학기술인력 양성, 원자력 연구·개발·생산·이용, 국가정보화 기획·정보보호·정보문화, 방송·통신의 융합·진흥 및 전파관리, 정보통신산업, 우편·우편환 및 우편대체에 관한 사무 등을 관장
외교부	외교 정책의 수립 및 시행, 다자·양자 경제외교 및 국제경제협력외교, 대외경제 관련 외교정책의 수립·시행 및 총괄·조정, 국제관계 업무에 관한 조정, 조약 및 그 밖의 국제협정, 문화협력, 대외홍보, 재외동포 정책의 수립, 재외국민 보호·지원, 국제정세의 조사·분석 및 이민에 관한 사무 등을 관장

☑ 행정 각 부 중 신산업육성, 지역경제활성화, 중소기업육성, 외국인투자유치 등을 담당하는 부는 어디입니까?

① 산업통상자원부
② 문화체육관광부
③ 고용노동부
④ 보건복지부

정답 ①

통일부	통일 및 남북대화 · 교류 · 협력에 관한 정책의 수립, 통일교육 기타 통일에 관한 사무를 관장
법무부	검찰 · 행형 · 인권옹호 · 출입국관리와 그밖의 법무에 관한 사무 등을 관장
국방부	국방에 관련된 군정 및 군령과 그밖의 군사에 관한 사무를 관장
문화체육관광부	문화 · 예술 · 영상 · 광고 · 출판 · 간행물 · 체육 · 관광, 국정에 대한 홍보 및 정부 발표 등에 관한 사무를 관장
농림축산식품부	농산 · 축산, 식량 · 농지 · 수리, 식품산업진흥, 농촌개발 및 농산물 유통에 관한 사무 등을 관장
산업통상자원부	상업 · 무역 · 공업 · 통상, 통상교섭 및 통상교섭에 관한 총괄 · 조정, 외국인 투자, 중견기업, 산업기술 연구개발정책 및 에너지 · 지하자원에 관한 사무 등을 관장
보건복지부	보건위생과 방역, 의무 행정, 약사 행정, 보건산업, 건강보험, 기초생활 보장, 자활 지원, 사회보장 및 사회서비스 정책, 저출산 · 고령화에 대처하는 인구 정책, 영유아 및 아동 보육, 노인 및 장애인 보건복지 등 국민 보건과 사회복지 증진에 관한 사무를 관장
환경부	자연환경 및 생활환경의 보전과 환경오염 방지에 관한 사무 등을 담당
고용노동부	고용정책과 근로에 관한 업무를 관장하며, 주요업무는 고용정책의 수립 및 시행, 근로기준수립 및 근로자 복지업무 수행, 노사관계 조정 및 지원, 산업안전 및 재해 예방, 직업능력개발, 고용평등 실현, 세계노동정보 공유를 통한 국제 협력 등
여성가족부	여성정책의 기획 · 종합, 여성의 권익 증진, 가족 정책, 건강가정 사업을 위한 아동 업무 및 청소년의 육성 · 복지 및 보호 등에 관한 사무를 관장

국토교통부	국토건설종합계획의 수립 및 이에 따른 각급 국토건설계획의 조정, 국토 및 수자원의 보전, 이용·개발 및 개조, 도시·도로·주택의 건설과 해안·하천·간척과 육운·항공 및 해사에 관한 사무 등을 관장
해양수산부	수산·해운·항만·해양환경보존·해양조사·해양자원개발·해양과학기술의 연구·개발 및 해난심판에 관한 사무를 관장

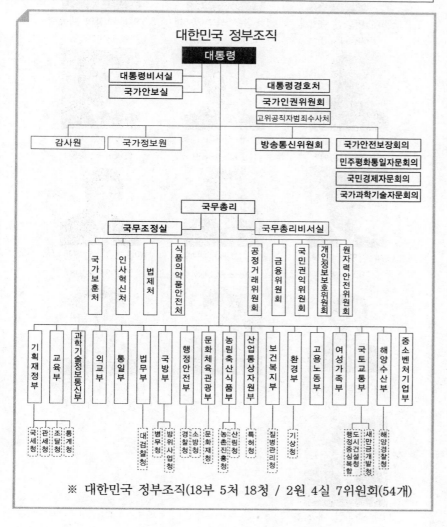

대한민국 정부조직

※ 대한민국 정부조직(18부 5처 18청 / 2원 4실 7위원회(54개)

(3) 대통령

① 역대 대통령

대한민국 역대 대통령

1~3대 이승만 대통령
(1948~1960)

4대 윤보선 대통령
(1960~1962)

5~9대 박정희 대통령
(1963~1979)

10대 최규하 대통령
(1979~1980)

11~12대 전두환 대통령
(1980~1988)

13대 노태우 대통령
(1988~1993)

14대 김영삼 대통령
(1993~1998)

15대 김대중 대통령
(1998~2003)

16대 노무현 대통령
(2003~2008)

17대 이명박 대통령
(2008~2013)

18대 박근혜 대통령
(2013~2017)

19대 문재인 대통령
(2017~2022)

20대 윤석열 대통령
(2022~현재)

② 대통령의 임기는 5년으로 끝난 뒤 2회 이상 재임할 수 없다.

(4) 지방자치제도

① 대한민국은 지방주민이나 자치단체가 정부에 대하여 자신의 문제를 자주적으로 처리하는 정치제도인 지방자치제도를 헌법에 따라 운영하고 있다. 4년마다 지역주민들이 참여하는 선거를 통해 지방자치단체장과 지방의회의원, 시 · 도 교육감을 선출한다.

② 한국의 전 지역은 17개의 광역지방자치단체로 나뉘는데, 광역자치단체에는 1개의 특별시, 6개의 광역시, 1개의 특별자치시, 8개의 도, 1개의 특별자치도가 있다.

③ 기초자치단체는 75개의 자치시, 82개의 군, 69개의 자치구가 있다.

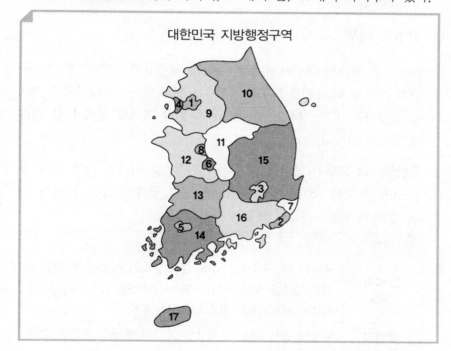

대한민국 지방행정구역

기출문제

☑ 우리나라의 20대 대통령이 있는 곳은 어디입니까?

① 백악관
② 용산집무실
③ 국회의사당
④ 의정부

정답 ②

기출문제

2018년 기출
☑ 우리나라의 광역시는 현재 몇 개입니까?

① 8개
② 6개
③ 5개
④ 3개

정답 ②

특별시	광역시	특별자치시	도	특별자치도
1. 서울특별시	2. 부산광역시 3. 대구광역시 4. 인천광역시 5. 광주광역시 6. 대전광역시 7. 울산광역시	8. 세종특별 자치시	9. 경기도 10. 강원도 11. 충청북도 12. 충청남도 13. 전라북도 14. 전라남도 15. 경상북도 16. 경상남도	17. 제주특별 자치도

02 헌법과 민주주의

(1) 국민의 의무

① 대한민국 헌법은 국민의 자유와 권리를 보장하여 국민이 진정한 국가의 주인이 되는 민주주의를 실현하기 위해 만든 법으로 국가 기관을 운영하는 기본 원칙과 국민이 누려야 할 권리와 지켜야 할 의무를 규정하고 있다.

② **국민의 4대 의무** … 헌법에 국가가 민주주의를 지키고 국민 삶의 질을 높이기 위해 국민들에게 지키도록 정한 납세의 의무 · 국방의 의무 · 교육의 의무 · 근로의 의무를 말한다.

구분	내용
납세의 의무	국민이 낸 세금으로 나라 살림을 하기 때문에 세금을 성실히 납부를 해야 한다는 것으로 조세를 내는 부담은 공평하게 배분되도록 법을 만들어야 한다.
국방의 의무	국방에 관한 의무로 정상인 남성이 병역의 의무를 수행하여야 한다.
교육의 의무	모든 국민이 자녀에게 최소한 초등교육과 법률이 정하는 교육을 받게 할 의무를 말한다.
근로의 의무	근로를 하여야 할 의무로 근로조건의 기준은 인간의 존엄성을 보장하도록 법률로 정하도록 하고 있다.

③ **기타 의무** … 국민의 4대 의무 외에도 재산권 행사에 대한 의무와 환경 보존의 의무가 있다.

구분	내용
재산권 행사에 대한 의무	재산권의 행사는 공공복리에 적합하도록 행사하여야 한다는 의무를 말한다.
환경 보존의 의무	건강하고 쾌적한 환경에서 생활하기 위해 환경을 보전해야 한다는 의무를 말한다.

(2) 국민의 권리

① 국민의 권리란 국민이 특별한 이익을 누릴 수 있도록 법에서 보장하고 있는 힘으로 대한민국 헌법에는 평등권, 참정권, 자유권, 사회권, 청구권 등을 정하고 있다.

구분	내용
평등권	모든 국민은 법 앞에 평등하기 때문에 성별, 종교, 사회적 지위에 따라 누구도 차별을 받지 않아야 한다는 것을 의미한다.
참정권	주권자로서의 국민이 정치에 참여할 수 있는 권리로 선거에 참여할 권리, 공무원이 되어 나랏일을 할 수 있는 권리 등을 참정권이라 할 수 있다.
자유권	자유롭게 생각하고 행동할 수 있는 권리로서 신체의 자유, 거주 이전의 자유, 직업 선택의 자유, 종교의 자유, 언론·출판의 자유, 사유 재산권 행사의 자유, 통신의 자유, 학문과 예술의 자유 등이 보장된다.
사회권	국민이 인간다운 생활을 영위하는데 필요한 조건의 형성을 국가에 요구할 수 있는 권리로 근로자의 최저 임금제 실시, 의무 교육 실시, 건강하고 쾌적한 환경에서 생활할 권리 등이 있다.
청구권	국민이 국가에 대하여 일정한 청구를 할 수 있는 권리로 재판 청구권, 손해 배상 청구권 등이 있다.

② 국민의 권리와 동시에 의무이기도 한 것으로 교육의 의무와 근로의 의무가 있다.

(3) 국가기관이 하는 일

① **법원** … 법원은 법에 따라 재판을 담당하는 기관으로 '사법부'라고도 불린다.

    ㉠ **법원의 종류** : 대한민국의 법원은 최고 법원인 대법원과 그 밑에 고등법원, 지방법원 3단계로 나뉜다.

구분	내용
대법원	우리나라의 최고 법원으로, 3심 재판을 맡는 곳이다.
고등법원	대법원과 지방법원 사이에 있는 중급법원으로 서울특별시, 부산광역시, 대구광역시, 광주광역시, 대전광역시, 수원시에 있으며, 2심 재판을 맡는 곳이다.
지방법원	특정 관할 구역 내에서 발생한 1심 재판을 맡는 곳이다.

2017년 기출

☑ 지방법원은 몇 심 재판을 맡고 있습니까?

① 1심
② 2심
③ 3심
④ 4심

정답 ①

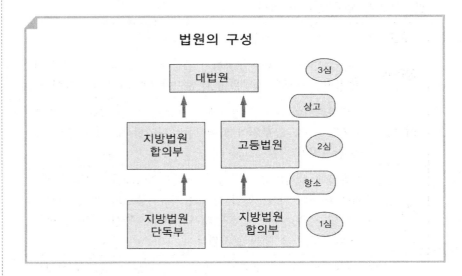

법원의 구성

ⓒ **재판의 종류**: 법원에서는 개인 간에 발생하는 문제를 해결하기 위한 민사재판, 형사재판, 행정재판, 선거재판, 헌법재판, 가사재판, 소년재판 등을 관할한다.

구분	내용
민사재판	개인과 개인 사이에 벌어지는 다툼을 해결하기 위한 재판
형사재판	검사가 범죄자에 대해 재판을 요청하고, 법원이 죄가 있는지 없는지 가리는 재판
행정재판	국민이 국가를 상대로 하는 재판
헌법재판	어떤 법률이나 국가 기관의 활동이 헌법의 뜻에 맞는지 판단하는 재판
가사재판	이혼과 같은 가족들 사이의 다툼을 다루는 재판
선거재판	선거가 잘못되었을 때 여는 재판
소년재판	10세 이상 20세 미만의 청소년들이 저지른 범죄를 다루는 재판

② **재판의 절차** … 대한민국은 국민의 기본권 보장과 법질서 유지를 위해 여러 번 재판을 받을 수 있도록 심급제도를 운영하고 있으며, 이에 따라 한 사건에 대해 세 번의 재판을 받을 수 있다.

기출문제

(4) 선거

① **선거** ⋯ 대표자를 선출하는 일체의 행위를 말하며, 우리나라에서는 대통령, 국회의원, 지방자치단체장, 지방의회의원, 교육감, 교육의원 등의 선출을 위해 선거를 하고 있다.

② **민주선거 4대 원칙** ⋯ 민주국가가 선거제로서 채택하고 있는 보통선거 · 평등선거 · 직접선거 · 비밀선거를 4대 원칙이라 한다.

2017년 기출
☑ 일정 조건이 충족되는 사람에게 주어지는 선거권을 무엇이라고 합니까?

① 평등선거
② 비밀선거
③ 직접선거
④ 보통선거

정답 ④

구분	내용
보통선거	선거인의 선거권 자격을 인종, 재산, 사회적 신분, 교육, 성별 등에 따라 차별하지 않고 일정조건이 되는 사람이면 누구에게나 선거권이 주어지는 것을 말한다.
평등선거	선거인 개개인의 투표권이 재산, 신분, 성별, 교육 정도, 종교 등의 영향을 받지 않고 모두 같은 것을 말한다.
직접선거	국민이 대표자를 직접 선출하는 제도를 말한다.
비밀선거	유권자가 누구에게 투표했는지를 알 수 없게끔 비밀을 보장하는 선거 제도를 말한다.

민주주의 4대 선거 원칙

만 19세 이상

보통선거   직접선거

기표소 1   기표소 2

평등선거   비밀선거

※ 선거의 4원칙에 자유선거의 원칙을 덧붙여 선거의 5원칙이라 한다.

03 경제기초

(1) 경제의 기초

① 2008년 기준으로 한국의 경제규모는 세계 15위이며(세계은행 발표) OECD 회원국이다.

② 주요 수출품으로는 자동차, 선박, 철강, IT제품 등이 있다.

(2) 경제 관련 용어

① 가계

○ 가계는 한 집안 살림의 수입(들어오는 돈)과 지출(나가는 돈)의 상태를 말한다.

○ 적은 수입이라도 어떻게 운영하느냐에 따라 가계가 플러스(+)도 되고, 마이너스(−)도 될 수 있다.

② 저축

○ 재산의 형성, 예상치 못한 재난대비, 노후대비, 내 집 마련, 자녀 등록금 등 목돈마련 등을 위해 저축을 해야 한다. 저축을 위해서는 은행에 계좌를 개설하는 것이 좋다.

○ 저축의 종류

- 자유저축예금 : 가계 저축을 우대하기 위한 신종 예금을 말하며 장기예금 시 이자율이 높다.

- 보통예금 : 언제나 자유롭게 돈을 예금했다가 찾아 쓸 수 있는 예금을 말하며 이자율이 낮다.

- 정기예금 : 목돈을 꽤 오랜 기간 동안 찾지 않고 은행에 맡겨 두는 예금을 말하며 이자율이 높다.

- 정기적금 : 매달 일정한 금액을 넣어 정해진 기간이 끝난 후 목돈이 되는 예금을 말하며 이자율이 높다.

기출문제

2017년 기출

☑ 인터넷을 통해 은행업무를
처리하는 것을 무엇이라고
합니까?

① 중간상뱅킹
② 경영뱅킹
③ 은행방문뱅킹
④ 인터넷뱅킹

정답 ④

ⓒ **인터넷 뱅킹**

인터넷뱅킹은 인터넷을 통해 은행 업무를 처리하는 것을 말하는
데 본인 계좌의 잔액조회, 입금과 출금, 송금이 모두 가능하다.
또한, 금융결제원에서 온라인으로 발급하는 공인인증서를 PC에
저장해 두어야 하며, 은행에서 발급하는 송금용 보안카드를 가지
고 있어야 한다.

(3) 경제의 흐름

① 시장

ⓐ **협의의 개념** : 상품의 거래가 실제 이루어지는 장소를 말한다.

ⓑ **광의의 개념** : 어떠한 상품을 사고팔기 위해 서로 접촉하는 개인
들과 기업들의 모임을 말한다.

② 상품시장과 생산요소시장

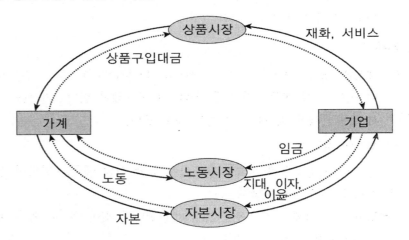

(4) 사뮤엘슨의 국민경제 4대 기본문제

① 무엇을 얼마만큼 생산하는가? (생산물의 종류 및 수량)

② 어떤 방법으로 생산하는가? (생산조직과 생산기술의 선택)

③ 누구를 위해 생산하는가? (생산물의 분배)

④ 언제 생산할 것인가? (재생할 수 없는 자원의 시간적 배분 문제)

(5) 경제의 이해

① 경제주체는 수많은 사람이 각각 독립적으로 경제 행위를 할지라도 그러한 행위 사이에는 상당한 유사성과 공통점이 있는데 이처럼 비슷하거나 유사한 경제행위를 수행하는 집단을 말한다.

② 일반적으로 경제주체는 가계, 기업, 정부, 해외로 구분한다.

③ 가계는 소비의 주체이고, 기업은 생산의 주체이며, 정부는 재정의 주체이고, 해외는 무역의 주체이다.

(6) 맨큐가 제시한 경제 10대 기본원리

① 모든 선택에는 대가가 있다.

② 선택의 대가는 그것을 얻기 위해 포기한 그 무엇이다.

③ 합리적 판단은 한계적으로 이루어진다.

④ 사람들은 경제적 유인에 반응한다.

⑤ 자유거래는 모든 사람을 이롭게 한다.

⑥ 일반적으로 시장이 경제활동을 조직하는 좋은 수단이다.

⑦ 경우에 따라 정부가 시장성과를 개선할 수 있다.

⑧ 한 나라의 생활수준은 그 나라의 생산능력에 달려 있다.

⑨ 통화량이 지나치게 늘면 물가는 상승한다.

⑩ 단기적으로 인플레이션과 실업 사이에 상충관계가 있다.

(7) 금융용어

① **리보**(LIBOR) … 세계금융 중심지인 런던에서 일류은행간 단기자금거래에 적용하는 금리로 국제금융시장의 기준금리로 이용된다.

② **모라토리엄**(Moratorium) … 채무상환기관이 도래했지만 외채가 많아 채무상환기간을 일시적으로 연기하는 것을 대외적으로 선언하는 경우를 말하며 "채무지불유예"라고 부른다.

③ **무역금융** … 수출업체에 지원해 주는 각종 금융대출을 말하는데 "수출입금융"이라고도 한다.

④ **벌처펀드** … 부실기업을 정리하는 회사 또는 그 자금을 일컫는 말로서 서양에서는 독수리가 죽은 동물을 처리하는 것을 비유해 이같이 부른다.

⑤ **벤치마킹** … 어느 특정분야에서 우수한 상대를 표적으로 삼아 자기 기업과의 성과차이를 비교하고, 이를 극복하기 위해 그들의 뛰어난 운영 프로세스를, 배울 것을 찾아 배우는 것이다.

⑥ **빅딜**(Big Deal) … 사업영역이 같은 회사끼리 경쟁력이 없는 사업을 넘겨주고 상대방에게서 다른 사업을 넘겨받는 형태이다.

⑦ **브리지론**(Bridge loan) … 금융시장에서 흔히 사용되는 브리지론이란 직거래가 어려운 기관 간에 중개기관을 넣어 약정된 금리나 조건으로 자금을 거래하는 것을 뜻한다.

⑧ **사외이사제** … 대주주의 영향을 받지 않는 대학교수, 변호사, 공인회계사, 언론인, 퇴직관료나 기업인 등 일정 요건의 전문가들을 이사회에 참여시키는 제도를 말한다.

⑨ **소비자 금융** … 일반적으로 소비자(가계)가 소비재, 특히 자동차나 가전제품 등 내구소비재를 구입할 때 금융기관이 제공하는 신용을 말하는데 통상경기가 좋지 않을 때 정부는 경기부양책의 하나로 소비자금융을 확대한다.

2017년 기출
☑ 일정한 조건을 갖춘 전문가들을 이사회에 참여시키는 제도를 무엇이라고 합니까?

정답 **사외이사제**

⑩ **신용경색**(credit crunch) … 금융기관에서 돈이 제대로 공급되지 않아 기업들이 겪는 금전적인 어려움을 말한다. 특히 신용경색 현상이 발생하면 기업들은 자금부족으로 정상적인 경영이 힘들고 무역업체들도 수출입 활동에 큰 제약을 받게 된다.

⑪ **아웃렛**(Outlet) … 백화점이나 제조업체에서 판매하고 남은 재고상품이나 비인기상품, 하자상품 등을 정상가의 절반 이하의 매우 저렴한 가격으로 판매하는 것을 말한다.

⑫ **아웃소싱**(Outsoursing) … 기업내부의 프로젝트나 활동을 기업외부의 제3자에게 위탁처리하는 것을 말한다.

⑬ **양키본드**(Yankee bond) … 미국이 아닌 국가의 정부나 공공기관, 일반 업체가 미국 자본시장에서 달러화로 발행하는 채권을 말한다.

⑭ **연결 재무제표** … 한 회사의 재무상황이나 경영상황을 나타내는 대차대조표와 손익계산서로 구성된 재무제표를 1개 회사차원에서 끝내는 것이 아니라 계열사끼리 통합해 하나로 만든 재무제표이다.

⑮ **워크아웃**(Work Out) … 기업 스스로 하기 힘든 기업 내부의 구조조정작업을 채권금융기관 주도로 진행하는 것을 일컫는다.

⑯ **임금피크제**(Salary peak) … 일정 연령 이후 업무능력이 떨어지는 장기근속 직원에게 임금을 줄여서라도 고용을 유지하는 능력급제의 일종이다. 서구에서는 임금이 정점에 이른 뒤 조금씩 낮춰가는 방식을 취하고 있다. 현재 일본과 미국, 유럽의 일부국가에서 선택적으로 적용하고 있다.

⑰ **지식기반산업** … 생산, 유통, 마케팅 등 일련의 부가가치 생성과정에서 지식과 정보의 활용도가 높은 산업을 말한다.

⑱ **헤지펀드**(Hedge Fund) … 개인이나 기관투자가들로부터 자금을 끌어모아 투자를 대신 해주는 일종의 투자신탁을 말한다.

⑲ **협조융자** … 자금이 부족해 부도 위기에 빠진 특정 기업에 대해 채권금융기관이 자금을 모아 빌려주는 것을 말한다.

⑳ **환리스크**(Exchange risk) … 외환(외국환)을 보유, 운용하는 과정에서 발생하는 위험을 말한다.

04 남북분단에 대한 배경 및 한민족 공동체

(1) 남북분단의 국내적인 요인

우리 내부의 민족적인 역량이 결집되지 못했던 것이다.

✔ 우리나라의 분단 상황이 굳어지게 된 전쟁은 6·25 전쟁이다.

① 일제 강점기 국내외 지역으로 뿔뿔이 흩어졌던 항일 단체들은 국권을 회복하는 방법에 대해 서로 다른 입장을 가졌으며, 이것은 곧 민족 내부의 응집력을 약화시키는 계기가 되었다.

② 더불어서 광복을 한 이후에도 신탁 통치에 대한 서로 간의 찬반논쟁 및 민족 내부의 이념의 갈등으로 인해 외세에 대해 분단을 효율적으로 차단시키지 못했다.

③ 더 나아가 6·25 전쟁의 시작으로 인해 민족분단이 더욱더 고착화되는 비극적인 결과를 맞게 되었다.

(2) 남북분단의 국제적인 요인

미국 및 구소련의 냉전 체제로 인한 국제적인 환경의 영향이다.

✔ 북한과의 협력과 화해를 적극적으로 추진한 김대중 정부의 정책은 햇볕정책이다.

① 2차 세계대전의 종료 후 국제사회는 미국을 중심으로 한 자유주의 진영, 구소련을 중심으로 한 공산주의 진영의 대결 구도로 나뉘어져 서로 이념적인 갈등상태에 빠지게 되었다.

② 이로 인해 지정학적인 요충지였던 한반도는 미국 및 구소련에 의해 나누어져 점령되었으며, 이러한 상태가 명확하게 해소되지 못한 상태에서 우리 민족은 남북분단이라는 비극적인 상황에 빠지게 된 것이다.

우리나라 정부의 통일에 대한 노력

(1) 국제 정세의 변화

① 미국과 중국의 경제 개선, 일본과 중국의 국교 정상화

② 1970년대 이후 남북은 분단 현실을 인정하고 대결 상태를 완화하기 위해 노력

(2) 남북 적십자 회담(1971)

① **남북 적십자 회담** … 이산가족 찾기 제의, 남북 대화의 새 전기 마련

② **7·4 남북 공동 성명**(1972) … 통일 3원칙을 제시

③ **6·23 평화 통일 외교 정책 선언**(1973) … 유엔 남북한 동시 가입을 제의

(3) 북한의 변화

김일성 1인 독재 체제 구축 → 김일성 사후 김정일로의 권력 세습 → 김정은 세습

(4) 남북 간 화해와 협력의 진행 과정

① **남북 대화 재개** … 이산가족 상봉, 예술 공연단 교환 방문, 남북 고위급 회담 개최

② **체육 분야의 협력과 남북 동반자 관계** … 탁구와 축구 단일팀 구성, 통일 축구 대회 개최(서울, 평양) → 남북한 유엔 동시 가입(1991)

③ 남북 기본 합의서 채택, 한반도 비핵화 공동 선언 발표, 남북 고위급 회담

④ **3단계 통일 방안** … 화해와 협력 → 남북 연합 → 통일 국가 완성

⑤ **김대중 정부의 평화 공존 추진**

　㉠ 남북 평화 공존을 위한 경제 협력의 활성화 추진→금강산 관광 사업 성사

　㉡ 김대중 대통령의 평양 방문(2000. 6.) : 남북 정상 회담→6 · 15 남북 공동 선언

　㉢ 햇볕정책 : 남북 간의 긴장을 완화하고 북한의 개방을 유도하기 위해 김대중 정부에서 추진한 대북정책

⑥ 문재인 · 김정은 남북정상회담(2018년 4월 27일)

06 통일의 필요성

(1) 개인적인 차원에서의 필요성

✔ 한반도에서 두 차례 남북 정상 회담이 열린 지역은 평양이다.

① 통일은 남북으로 나뉘어진 이산가족들의 고통을 해소하고 남북 서로 간 자유롭게 이동하며 살아갈 수 있는 다양한 선택의 기회를 부여할 것이다.

② 통일이 남북 구성원 모두에게 전쟁의 위협으로부터 벗어나서 자유로우면서 평화로운 삶을 구축할 수 있도록 해 주고, 자유 및 복지, 인간의 존엄 및 가치, 인권의 존중이라는 혜택을 누릴 수 있게 해 주기 때문이다.

(2) 국가적인 차원에서의 필요성

① 통일은 전쟁에 대한 위협을 근본적으로 제거하며, 소모적 경쟁 및 대결 등으로 인해 지불하고 있는 각종 자원 및 민족적 역량의 낭비를 없애줄 것이다.

② 이로 인해 군사비의 절감, 자연자원 및 인적자원의 서로 상호 보완적인 활용 등, 규모의 경제로 인한 이익의 확보로 더욱 비약적인 발전을 기대할 수 있다.

③ 통일은 우리 한반도에 단일 경제권을 형성함으로써 물적, 인적자원 등을 확대시키고 경제규모를 키워서 강대국으로 나갈 토대를 마련해 줄 것이다.

④ 통일을 이루게 된다면 활동 무대가 한반도 전체로 확장되며, 더 나아가 유라시아 대륙 및 태평양을 연결함으로써 막대한 경제적인 이익을 취할 수 있다.

(3) 민족적인 차원에서의 필요성

① 통일은 역사적 정통성 및 민족의 동질성 회복을 위해서도 필요하다.

② 우리 민족의 경우에는 한반도를 기반으로 동일한 문화 및 전통을 견지한 민족국가를 이루어 왔지만, 분단 및 전쟁 등을 통해서 민족의 역사적인 정통성을 크게 약화시켰다.

③ 통일은 분단으로 인해 굴절된 역사를 바로 세우며, 민족공동체를 구현해 민족문화의 융성을 위해 실현되어야 한다.

(4) 국제적인 차원에서의 필요성

① 통일은 한반도 및 동북아 정세에 있어서의 불안요소 중 하나인 "북한문제"가 해결됨으로써 한반도에서의 전쟁 위협을 제거하고 한반도를 넘어 동북아 및 세계평화 등에 기여하기 위해서 필요하다.

② 북핵 및 인권문제 등 "북한문제"는 그 동안의 한반도만이 아닌 동북아 정세의 불안정한 요소로 작용해 온 점에서 이러한 남북통일은 단순하게 한반도의 평화만이 아닌 동북아 지역의 안정 및 세계평화 등에 기여할 것이다.

06 출제예상문제

01 대한민국의 국회의사당이 있는 곳은 어디입니까?

① 세종특별자치시   ② 강원도 강릉시

③ 경상남도 진해시   ④ 서울특별시 여의도

> **NOTE** ④ 국민들이 선거로 뽑은 국민의 대표인 국회의원들이 모여 국민의 뜻에 따라 법을 만드는 기관이다. 국회의사당에서 국회 일정을 진행하며, 국회의사당은 서울특별시 여의도에 위치하고 있다.

02 법에 따라 재판을 하는 기관은 어디입니까?

① 입법부   ② 사법부

③ 행정부   ④ 감사원

> **NOTE** ② 사법부는 법에 따라 재판을 하는 기관으로, 법원 및 대법원이 관할하는 모든 기관을 가리킨다.

answer 01.④ 02.②

03 범죄를 저지른 사람을 처벌하기 위한 재판으로 강도, 절도, 살인 등의 재판이 진행되는 것을 무엇이라 부릅니까?

① 형사재판   ② 민사재판
③ 행정재판   ④ 가사재판

> **NOTE** ① 형사재판은 형사사건에 관한 재판으로, 범죄자에게 형벌을 과하기 위해 형사소송법이 정하는 절차에 따라 행한다.

04 모든 국민은 법 앞에 평등하기 때문에 성별, 종교, 사회적 지위에 따라 누구도 차별을 받지 않아야 한다는 것은 무슨 권리에 해당합니까?

① 자유권   ② 사회권
③ 선거권   ④ 평등권

> **NOTE** ④ 평등권은 모든 사람은 법 앞에 평등하며 국가로부터 불합리한 차별을 받지 않을 권리를 말한다.
>
> ※ 국민의 권리

구분	내용
평등권	모든 국민은 법 앞에 평등하기 때문에 성별, 종교, 사회적 지위에 따라 누구도 차별을 받지 않아야 한다는 것을 의미한다.
참정권	주권자로서의 국민이 정치에 참여할 수 있는 권리로 선거에 참여할 권리, 공무원이 되어 나랏일을 할 수 있는 권리 등을 참정권이라 할 수 있다.
자유권	자유롭게 생각하고 행동할 수 있는 권리로서 신체의 자유, 거주 이전의 자유, 직업 선택의 자유, 종교의 자유, 언론·출판의 자유, 사유 재산권 행사의 자유, 통신의 자유, 학문과 예술의 자유 등이 보장된다.
사회권	국민이 인간다운 생활을 영위하는데 필요한 조건의 형성을 국가에 요구할 수 있는 권리로 근로자의 최저 임금제 실시, 의무 교육 실시, 건강하고 쾌적한 환경에서 생활할 권리 등이 있다.
청구권	국민이 국가에 대하여 일정한 청구를 할 수 있는 권리로 재판 청구권, 손해 배상 청구권 등이 있다.

answer 03.① 04.④

05 대한민국에서 한 사건에 대한 재판은 최대 몇 번 받을 수 있습니까?

① 1   ② 2

③ 3   ④ 4

🖊NOTE ③ 대한민국은 국민의 기본권 보장과 법질서 유지를 위해 여러 번 재판을 받을 수 있도록 심급제도를 운영하고 있으며, 이에 따라 한 사건에 대해 세 번의 재판을 받을 수 있다.

06 다음 중 민주선거 4대 원칙에 해당하지 않는 것은 무엇입니까?

① 보통선거   ② 비밀선거

③ 불법선거   ④ 평등선거

🖊NOTE ③ 민주국가가 선거제로서 채택하고 있는 보통선거 · 평등선거 · 직접선거 · 비밀선거를 민주선거의 4대 원칙이라 한다.

※ 민주선거 4대 원칙

구분	내용
보통선거	선거인의 선거권 자격을 인종, 재산, 사회적 신분, 교육, 성별 등에 따라 차별하지 않고 일정조건이 되는 사람이면 누구에게나 선거권이 주어지는 것을 말한다.
평등선거	선거인 개개인의 투표권이 재산, 신분, 성별, 교육 정도, 종교 등의 영향을 받지 않고 모두 같은 것을 말한다.
직접선거	국민이 대표자를 직접 선출하는 제도를 말한다.
비밀선거	유권자가 누구에게 투표했는지를 알 수 없게끔 비밀을 보장하는 선거 제도를 말한다.

⊙ answer **05.**③ **06.**③

07 7 · 4 남북 공동 성명이 이뤄진 시기는 언제입니까?

① 1968년   ② 1970년

③ 1972년   ④ 1974년

📝 **NOTE** 7 · 4 남북 공동 성명은 1972년에 이루어졌다.

08 다음 중 6 · 23 평화 통일 외교 정책 선언이 이뤄진 시기는 언제입니까?

① 1973년   ② 1975년

③ 1977년   ④ 1979년

📝 **NOTE** 6 · 23 평화 통일 외교 정책 선언이 이루어진 시기는 1973년이다.

09 다음 중 남북한이 유엔에 동시에 가입한 시기는 언제입니까?

① 1991년   ② 1985년

③ 1987년   ④ 1989년

📝 **NOTE** 남북한이 유엔에 동시에 가입한 시기는 1991년이다.

answer 07.③ 08.① 09.①

10 남북분단의 국내적 요인으로 볼 수 없는 것을 고르시오.

① 민족적 역량이 결집되지 못했다.

② 항일 단체마다 국권을 회복하고자 하는 방법이 서로 달랐다.

③ 미국 및 구소련의 냉전 체제로 주변 정세가 악화되었다.

④ 민족 내부의 이념 갈등이 존재했다.

> **NOTE** 미국 및 구소련의 냉전 체제로 인한 국제적인 환경의 악화는 남북분단의 국제적 요인에 해당한다.

11 남북 간 화해와 협력의 진행 과정으로 보기 어려운 것을 고르시오.

① 이산가족 상봉

② 예술 공연단 교환 방문

③ 남북 고위급 회담 개최

④ 제2연평해전

> **NOTE** 제2연평해전은 2002년 6월 29일 오전 서해 연평도 서쪽 해상에서 북한 경비정의 선제 기습 포격으로 시작된 남북 함정 사이의 해전으로 남북 간의 긴장을 조성하였다.

answer 10.③ 11.④

12 다음 중 국가적 차원에서 통일의 필요성으로 볼 수 있는 것은 무엇입니까?

① 남북 서로 간 자유롭게 이동하며 살아갈 수 있다.

② 군사비가 절감된다.

③ 민족의 동질성을 회복할 수 있다.

④ 민족문화의 융성을 실현한다.

> NOTE ① 개인적 차원에서의 필요성이다.
> ③④ 민족적 차원에서의 필요성이다.

13 다음에서 설명하고 있는 대북정책은 무엇입니까?

> 김대중 정부에서 추진한 대북정책으로 남북 간의 긴장을 완화하고 북한의 개방을 유도하기 위하여 화해와 포용 자세로 남북한의 교류와 협력을 증대하고자 한 정책

① 화해정책   ② 포용정책

③ 햇볕정책   ④ 미소정책

> NOTE 햇볕정책은 남북 간의 긴장을 완화하고 북한의 개방을 유도하기 위하여 김대중 정부에서 추진한 대북정책으로, 대북한 투자규모의 제한을 완전히 폐지하고 투자제한 업종을 최소화하고자 하였다.

14 다음 중 대한민국의 주요 수출품목이 아닌 것은 무엇입니까?

① 철강   ② 선박

③ IT제품   ④ 목재

> 🔖 NOTE ┃ 대한민국의 주요 수출품목으로는 자동차, 선박, 철강, IT제품 등이 있다.

15 언제나 자유롭게 돈을 예금했다가 찾아 쓸 수 있는 예금을 무엇이라고 합니까?

① 정기예금   ② 보통예금

③ 정기적금   ④ 자유저축예금

> 🔖 NOTE ┃ 보통예금은 언제나 자유롭게 돈을 예금했다가 찾아 쓸 수 있는 예금을 말하며 이자율이 낮다.

16 목돈을 오랜 기간 동안 찾지 않고 은행에 맡겨 두는 예금을 무엇이라고 합니까?

① 정기적금   ② 방카슈랑스

③ 정기예금   ④ 자유저축예금

> 🔖 NOTE ┃ 정기예금은 목돈을 꽤 오랜 기간 동안 찾지 않고 은행에 맡겨 두는 예금을 말하며 이자율이 높다.

17 다음 중 인터넷을 통해 은행 업무를 처리하는 것을 무엇이라고 합니까?

① 인터넷뱅킹　　　　　　　　② B2B
③ C2C　　　　　　　　　　　④ B2G

📑NOTE 인터넷뱅킹은 인터넷을 통해 은행 업무를 처리하는 것을 말하는데 본인 계좌의 잔액조회, 입금과 출금, 송금이 모두 가능하다.

18 제품의 거래가 이루어지기 위해 개인 및 기업의 모임을 무엇이라고 합니까?

① 연수원　　　　　　　　　　② 마트
③ 시장　　　　　　　　　　　④ 인터넷

📑NOTE 시장은 소비와 공급이 존재하는 개인 및 기업들의 모임 즉, 상품의 거래가 실제 이루어지는 장소를 말한다.

19 다음 중 일반적인 경제주체가 아닌 것은 무엇입니까?

① 기업　　　　　　　　　　　② 가계
③ 해외　　　　　　　　　　　④ 재화

📑NOTE 일반적으로 경제주체는 가계, 기업, 정부, 해외로 구분한다.

20 다음 중 소비의 주체는 누구입니까?

① 해외   ② 정부

③ 가계   ④ 기업

    📖 NOTE   경제의 흐름 상 소비의 주체는 가계이다.

21 다음 중 재정의 주체는 누구입니까?

① 기업   ② 정부

③ 가계   ④ 해외

    📖 NOTE   경제의 흐름 상 재정의 주체는 정부이다.

22 다음 중 생산의 주체는 누구입니까?

① 재화   ② 정부

③ 기업   ④ 가계

    📖 NOTE   경제의 흐름 상 생산의 주체는 기업이다.

● answer   20.③   21.②   22.③

23 다음 중 무역의 주체는 누구입니까?

① 해외

② 가계

③ 정부

④ 기업

⒝NOTE 경제의 흐름 상 무역의 주체는 해외이다.

24 부실기업을 정리하는 회사 또는 그 자금을 무엇이라고 합니까?

① 브리지론

② 리보

③ 신용경색

④ 벌처펀드

⒝NOTE 벌처펀드는 부실기업을 정리하는 회사 또는 그 자금을 일컫는 말로서 서양에서는 독수리가 죽은 동물을 처리하는 것을 비유해 이같이 부른다.

25 타인의 뛰어난 운영 프로세스, 경영구조 등 본받아서 배울 점이 있다면 이를 배우는 것을 무엇이라고 합니까?

① 벤치마킹

② 아웃소싱

③ 무역금융

④ 브리지론

⒝NOTE 벤치마킹은 어느 특정분야에서 우수한 상대를 표적으로 삼아 자기 기업과의 성과차이를 비교하고, 이를 극복하기 위해 그들의 뛰어난 운영 프로세스를, 배울 것을 찾아 배우는 것을 말한다.

26 일정 요건의 전문가들을 이사회에 참여시키는 제도를 무엇이라고 합니까?

① 빅딜　　　　　　　　　　　　　② 워크아웃

③ 사외이사제　　　　　　　　　　④ 소비자금융

> 📄 NOTE 사외이사제는 대주주의 영향을 받지 않는 대학교수, 변호사, 공인회계사, 언론인, 퇴직관료나 기업인 등 일정 요건의 전문가들을 이사회에 참여시키는 제도를 말한다.

27 소비자가 소비재, 특히 자동차나 가전제품 등 내구소비재를 구입할 때 금융기관이 제공하는 신용을 무엇이라고 합니까?

① 벌처펀드　　　　　　　　　　　② 양키본드

③ 벤치마킹　　　　　　　　　　　④ 소비자금융

> 📄 NOTE 소비자금융은 소비자가 소비재, 특히 자동차나 가전제품 등 내구소비재를 구입할 때 금융기관이 제공하는 신용을 말하는데 통상경기가 좋지 않을 때 정부는 경기부양책의 하나로 소비자금융을 확대한다.

28 금융기관에서 돈이 제대로 공급되지 않아 기업들이 겪는 금전적인 어려움을 무엇이라고 합니까?

① 빅딜　　　　　　　　　　　② 신용경색

③ 재무제표　　　　　　　　　④ 제로섬게임

NOTE 신용경색은 금융기관에서 돈이 제대로 공급되지 않아 기업들이 겪는 금전적인 어려움을 말하는데, 특히 신용경색 현상이 발생하면 기업들은 자금부족으로 정상적인 경영이 힘들고 무역업체들도 수출입 활동에 큰 제약을 받게 된다.

07

한국어

기출문제

2018년 기출
☑ 세종대왕이 훈민정음이라는 이름으로 창제하여 반포한 우리나라 고유의 문자를 무엇이라고 합니까?

〔◉정답〕 한글

01 **한글**

① **한글** … 한글은 1443년 조선 제4대 임금인 세종대왕이 1446년에 반포한 문자로, 한국어를 표기하기 위해 만들어졌다. 처음 한글은 '훈민정음'이라는 이름으로 알려졌다.

② **글자의 구성** … 한글의 글자는 자음(14개)과 모음(10개)으로 이루어져 있으며, 초성, 중성, 종성으로 구분할 수 있다.

구분		종류
초성(19개)		ㄱ, ㄴ, ㄷ, ㄹ, ㅁ, ㅂ, ㅅ, ㅇ, ㅈ, ㅊ, ㅋ, ㅌ, ㅍ, ㅎ, ㄲ, ㄸ, ㅃ, ㅆ, ㅉ
중성(21개)		ㅏ, ㅑ, ㅓ, ㅕ, ㅗ, ㅛ, ㅜ, ㅠ, ㅡ, ㅣ, ㅐ, ㅒ, ㅔ, ㅖ, ㅘ, ㅙ, ㅚ, ㅝ, ㅞ, ㅟ, ㅢ
종성 (받침글자)	홑받침(16개)	ㄱ, ㄴ, ㄷ, ㄹ, ㅁ, ㅂ, ㅅ, ㅇ, ㅈ, ㅊ, ㅋ, ㅌ, ㅍ, ㅎ, ㄲ, ㅆ
	겹받침(11개)	ㄳ, ㄵ, ㄶ, ㄺ, ㄻ, ㄼ, ㄽ, ㄾ, ㄿ, ㅀ

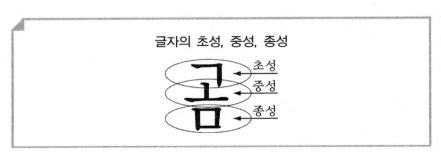

글자의 초성, 중성, 종성

초성
중성
종성

자음과 모음

모음

모음 자음	ㅏ	ㅑ	ㅓ	ㅕ	ㅗ	ㅛ	ㅜ	ㅠ	ㅡ	ㅣ
ㄱ	가	갸	거	겨	고	교	수	슈	그	기
ㄴ	나	냐	너	녀	노	뇨	누	뉴	느	니
ㄷ	다	댜	더	뎌	도	됴	두	듀	드	디
ㄹ	라	랴	러	려	로	료	루	류	르	리
ㅁ	마	먀	머	며	모	묘	무	뮤	므	미
ㅂ	바	뱌	버	벼	보	뵤	부	뷰	브	비
ㅅ	사	샤	서	셔	소	쇼	수	슈	스	시
ㅇ	아	야	어	여	오	요	우	유	으	이
ㅈ	자	쟈	저	져	조	죠	주	쥬	즈	지
ㅊ	차	챠	처	쳐	초	쵸	추	츄	츠	치
ㅋ	카	캬	커	켜	코	쿄	쿠	큐	크	키
ㅌ	타	탸	터	텨	토	툐	투	튜	트	티
ㅍ	파	퍄	퍼	펴	포	표	푸	퓨	프	피
ㅎ	하	햐	허	혀	호	효	후	휴	흐	히

자음

③ **사전 찾기 순서**

㉠ **첫 번째** : 한글은 글자 속 기호 하나가 낱소리 하나를 나타내는 이른바 음소 문자로서, 자음을 나타내는 글자와 모음을 나타내는 글자가 따로 만들어져 있다. 따라서 낱말을 찾기 위해서는 글자를 이루고 있는 자음과 모음의 구성을 먼저 알고 있어야 한다.

㉡ **두 번째** : 낱말이 국어사전에 실릴 때의 자음과 모음의 순서에 따라 글자를 찾는다.

㉢ **세 번째** : 첫소리(초성)의 모양을 자음 배열순서에 따라 찾고, 가운데 중성의 모양도 오음의 배열 순서대로 찾는다. 마지막 종성은 자음의 순서대로 찾는다.

☑ 다음 괄호 안에 들어갈 알맞은 접속사는 무엇입니까?

나는 공부하지 않고 게임만 했다. ( ) 성적이 떨어졌다.

① 그러나
② 그래서
③ 그럼에도 불구하고
④ 또

⊙ 정답   ②

자음과 모음의 사전 배열순서

자음 : ㄱ, ㄲ, ㄴ, ㄷ, ㄸ, ㄹ, ㅁ, ㅂ, ㅃ, ㅅ, ㅆ, ㅇ, ㅈ, ㅉ, ㅊ, ㅋ, ㅌ, ㅍ, ㅎ

모음 : ㅏ, ㅐ, ㅑ, ㅒ, ㅓ, ㅔ, ㅕ, ㅖ, ㅗ, ㅘ, ㅙ, ㅚ, ㅛ, ㅜ, ㅝ, ㅞ, ㅟ, ㅠ, ㅡ, ㅢ, ㅣ

④ **한글날** … 훈민정음 곧 오늘의 한글을 창제해서 세상에 펴낸 것을 기념하고, 우리 글자 한글의 우수성을 기리기 위한 국경일로 10월 9일이다.

02   우리말의 접속어

구분	의미	종류
순접	앞의 내용을 이어 받아 연결시키는 것	그리고, 그리하여, 이리하여
인과	앞뒤의 문장을 원인과 결과로, 또는 결과와 원인으로 연결시키는 것	그래서, 따라서, 그러므로, 그러니까
역접	앞의 내용과 상반되는 내용을 이어주는 것	그러나, 그렇지만, 하지만, 그래도
첨가, 보충	앞의 내용에 새로운 내용을 덧붙이거나 보충하는 것	그리고, 더구나, 게다가, 아울러
대등	앞뒤의 내용을 같은 자격으로 나열하면서 이어주는 것	그리고, 또는, 혹은, 및
전환	뒤의 내용이 앞의 내용과는 다른, 새로운 생각이나 사실을 서술하여 화제를 바꾸며 이어주는 것	그런데, 그러면, 한편, 다음으로, 아무튼
예시	앞의 내용에 대해 구체적인 예를 들어 설명하는 것	예컨대, 이를테면
요약	앞의 내용을 바꾸어 말하거나 간추려 짧게 요약하는 것	요컨대, 즉, 결국, 말하자면

03 우리나라의 속담

- **가는 날이 장날이다** → 뜻하지 않은 일이 우연하게도 잘 들어맞았을 때 쓰는 말

- **가는 말이 고와야 오는 말도 곱다** → 내가 남에게 좋게 해야 남도 내게 잘한다는 말

- **가지 많은 나무에 바람 잘 날 없다** → 자식 많은 사람은 걱정이 떠날 때가 없다는 것을 이르는 말

- **가랑비에 옷 젖는 줄 모른다** → 재산 같은 것이 조금씩 없어지는 줄 모르게 줄어 들어가는 것을 말함

- **가랑잎이 솔잎더러 바스락거린다고 한다** → 제 결점이 큰 줄 모르고 남의 작은 허물을 탓한다는 말

- **가재는 게 편** → 됨됨이나 형편이 비슷하고 인연 있는 것끼리 서로 편이 되어 어울리고 사정을 봐 줌을 이르는 말

- **간에 기별도 안 간다** → 음식을 조금 밖에 먹지 못해 제 양에 차지 않는 것을 이르는 말

- **간이 콩알만해지다** → 겁이 나서 몹시 두려워진다는 것을 이르는 말

- **값싼 것이 비지떡** → 어떠한 물건이더라도 값이 싸면 품질이 좋지 않다는 것을 이르는 말

- **같은 값이면 다홍치마** → 같은 값이면 자신에게 이익이 많은 것을 선택한다는 것을 이르는 말

- **개밥에 도토리** → 무리 속에 어울리지 못하는 사람을 이르는 말

- **개천에서 용 난다** → 변변치 못한 집안에서 훌륭한 인물이 나왔을 때를 이르는 말

- **개구리 올챙이 적 생각을 못한다** → 자신의 지위가 높아지면 이전의 미천하던 때의 생각을 못한다는 말

- **고기는 씹어야 맛이요 말은 해야 맛이라** → 마음속으로만 끙끙거리고 애태우지 말고 할 말은 속 시원하게 해야 한다는 말

기출문제

2017년 출제
☑ 다음 속담과 뜻이 비슷한 내용은 무엇입니까?

　가재는 게 편이다.

① 쇠똥도 약에 쓸려면 없다.
② 도토리 키 재기
③ 바늘 도둑이 소도둑 된다.
④ 초록은 동색

정답 ④

2017년 기출
☑ 다음 속담과 뜻이 비슷한 내용은 무엇입니까?

"꿩 먹고 알 먹고"

① 누이좋고 매부좋고
② 금강산도 식후경
③ 등잔밑이 어둡다
④ 누워서 침 뱉기

● 정답 ①

- **고래 싸움에 새우등 터진다** → 힘센 사람들끼리 서로 싸우는 통에 공연히 약한 사람이 그 사이에 끼여 아무 관계없이 해를 입을 때 쓰는 말

- **공든 탑이 무너지랴** → 힘을 다하고 정성을 다하여 한 일은 헛되지 않아 반드시 좋은 결과를 얻는다는 말

- **구더기 무서워 장 못 담글까** → 다소 방해되는 일이 있다 하더라도 마땅히 할 일은 해야 한다는 것을 이르는 말

- **구슬이 서 말이라도 꿰어야 보배라** → 아무리 훌륭한 일이라도 완전히 끝을 맺어 놓아야 비로소 가치가 있다는 말

- **귀에 걸면 귀걸이 코에 걸면 코걸이** → 한 가지의 것이 이런 것도 같고 저런 것도 같아 어느 한 쪽으로 결정짓기 어려운 일을 두고 하는 말

- **그림의 떡** → 보기는 해도 먹거나 가질 수는 없듯이 실제 아무런 소용이 없다는 말

- **금강산도 식후경** → 아무리 좋은 것, 재미있는 일이 있더라도 배가 부르고 난 뒤에야 좋은 줄 안다는 말

- **까마귀 날자 배 떨어진다** → 아무 관계없이 한 일이 공교롭게도 다른 일과 때를 같이하여 둘 사이에 어떠한 관계라도 있는 듯한 의심을 받을 때 쓰는 말

- **뛰는 놈 위에 나는 놈 있다** → 아무리 재주가 좋아도 이보다 나은 사람이 있다는 것으로 과신하지 말아야 함을 이르는 말

- **꿩 먹고 알 먹기** → 한 가지 일을 하고 두 가지 이익을 볼 때 쓰는 말

- **남의 잔치에 감 놓아라 배 놓아라 한다** → 쓸데없이 남의 일에 간섭함을 이르는 말

- **낫 놓고 기역자도 모른다** → 글자라고는 아무것도 모르는 무식한 사람을 이르는 말

- **낮말은 새가 듣고 밤 말은 쥐가 듣는다** → 아무리 비밀스럽게 하는 말도 새어나가기 쉬우므로 항상 말을 조심해서 하라는 말

- **내 코가 석자** → 내 사정이 급해서 남의 사정까지 돌볼 수가 없다는 것을 이르는 말

- **누워서 침 뱉기** → 남을 해치려다 도리어 자기 자신이 해를 입는다는 말

- **다 된 죽에 코 풀기** → 다 된 일을 망쳐 놓았다는 것을 이르는 말

- **늦게 배운 도둑이 날 새는 줄 모른다** → 나이 들어서 시작한 일에 몹시 골몰한 사람을 두고 이르는 말

- **달면 삼키고 쓰면 뱉는다** → 자신에게 이로우면 활용하고 필요치 않은 경우에 버린다는 것을 이르는 말

- **닭 잡아먹고 오리발 내민다** → 나쁜 일을 하고 간사한 꾀로 숨기려 함을 이르는 말

- **되로 주고 말로 받는다** → 상대를 조금 건드렸다가 도리어 자신이 일을 크게 당한다는 것을 이르는 말

- **돌다리도 두들겨 보고 건너라** → 아무리 잘 아는 일이라도 조심하여 실수 없게 하라는 말

- **등잔 밑이 어둡다** → 자신의 가까운 일을 먼 데 일보다 오히려 모른다는 것을 이르는 말

- **땅 짚고 헤엄치기** → 땅을 짚고 헤엄치듯이 아주 쉽게 할 수 있는 일을 가리켜 하는 말

- **마른 하늘에 날벼락** → 뜻밖에 입게 되는 재난을 이르는 말

- **목구멍이 포도청** → 먹고 살기 위해서는 어떤 일이라도 하게 된다는 것을 이르는 말

- **못된 송아지 엉덩이에 뿔난다** → 되지 못한 사람이 건방지고 좋지 못한 짓을 한다는 것을 이르는 말

- **밑 빠진 독에 물 붓기** → 아무리 노력하고 애써도 보람이 나타나지 않는 경우를 이르는 말

- **바늘 도둑이 소도둑 된다** → 나쁜 행실일수록 점점 더 크고 심하게 되니 아예 나쁜 버릇은 길들이지 말라는 말

- **배보다 배꼽이 더 크다** → 마땅히 작아야 할 것이 오히려 클 때를 비유해서 이르는 말

- **벼룩의 간 빼 먹기** → 상당히 적은 이익을 부당한 방법을 써서 착취함을 이르는 말

- **병 주고 약 준다** → 일이 안 되도록 방해하고는 도와주는 척한다는 것을 이르는 말

- **보기 좋은 떡이 먹기도 좋다** → 겉모양이 좋으면 속의 내용도 좋다는 말

- **빛 좋은 개살구** → 겉만 번지르르하고 실속은 없다는 것을 이르는 말

- **사공이 많으면 배가 산으로 간다** → 간섭하는 사람이 많으면 일이 잘 안 된다는 말

- **서당 개 삼년이면 풍월을 읊는다** → 아무리 무식한 사람이라도 유식한 사람과 같이 오래 지내면 자연히 견문이 생긴다는 말

- **소문난 잔치에 먹을 것 없다** → 소문난 것이 실제로는 보잘 것 없다는 것을 이르는 말

- **소 잃고 외양간 고친다** → 이미 일을 그르치고 난 뒤에 뉘우쳐도 소용이 없다는 말

- **쇠뿔도 단김에 빼랬다** → 어떠한 일을 하려고 마음먹었으면 망설이지 말고 곧바로 행동으로 옮기라는 말

- **수박 겉핥기** → 내용이나 참 뜻은 모르면서 대충 일하는 것을 비유해서 쓰는 말

- **식은 죽 먹기** → 어떠한 일이 아주 하기 쉽다는 것을 비유해서 쓰는 말

- **십년이면 강산도 변한다** → 십년이란 세월이 흐르면 세상에 변하지 않는 것이 없음을 비유하는 말

- **아닌 땐 굴뚝에 연기 나랴** → 반드시 원인이 있어야 결과가 생긴다는 것을 이르는 말

- **아닌 밤중에 홍두깨** → 예고도 없이 뜻밖의 일이 생겼을 때 하는 말

- **약방에 감초** → 어떤 일에나 빠짐없이 참여하는 사람을 비유하는 말

- **어물전 망신을 꼴뚜기가 시킨다** → 못난 자일수록 같이 있는 동료를 망신시킨다는 것을 이르는 말

- **열 길 물속은 알아도 한 길 사람 속은 모른다** → 사람의 마음을 알아 내기가 어렵다는 말

- **열 번 찍어 아니 넘어가는 나무 없다** → 여러 번 계속해서 애쓰다 보면 어떠한 일이라도 이룰 수 있다는 말

- **오뉴월 감기는 개도 걸리지 않는다** → 더운 여름철에 감기 걸린 사람을 조롱하는 말

- **오르지 못할 나무는 쳐다보지도 마라** → 될 수 없는 일은 바라지 말라는 것을 이르는 말

- **옥의 티** → 아무리 좋아도 한 가지 결점은 있다는 말

- **울며 겨자 먹기** → 싫은 일을 좋은 척하고 억지로 하지 않을 수 없는 경우를 이르는 말

- **원수는 외나무 다리에서 만난다** → 남에게 악한 일을 하면 그 죄를 받을 때가 반드시 온다는 말

- **원숭이도 나무에서 떨어진다** → 아무리 능숙한 사람이라 하더라도 실수할 때가 있다는 말

- **윗물이 맑아야 아랫물도 맑다** → 윗사람이 잘못하면 아랫사람도 따라서 잘못하게 되는 것을 비유하는 말

- **자라보고 놀란 가슴 솥뚜껑 보고 놀란다** → 무엇에 한번 혼난 사람이 그와 비슷한 것만 보아도 깜짝 놀란다는 말

- **자랄 나무는 떡잎부터 알아본다** → 앞으로 크게 될 사람은 어려서부터 장래성이 엿보인다는 말

- **작은 고추가 더 맵다** → 겉으로는 대수롭지 않게 보이는 사람이 하는 일이 더 다부지다는 말

- **종로에서 뺨 맞고 한강 가서 눈 흘긴다.** → 망신을 당한 자리에서는 아무 말도 못하고 다른 곳에 가서 화풀이를 한다는 말

- **좋은 약은 입에 쓰다** → 듣기 싫고 귀에 거슬리는 말이라도 제 자신의 인격수양에는 이롭다는 말

기출문제

2018년 출제
☑ 다음 속담과 뜻이 비슷한 내용은 무엇입니까?

고생을 한 뒤에 더욱 튼튼해진다.

① 바늘 도둑이 소도둑 된다.
② 말 한 마디에 천냥 빚도 갚는다.
③ 마파람에 게 눈 감추듯
④ 비 온 뒤에 땅이 단단해진다.

정답 ④

- **쥐구멍에도 볕 들 날이 있다** → 아무리 고생만 하는 사람도 운수가 터져 좋은 시기를 만날 때가 있다는 말

- **지렁이도 밟으면 꿈틀거린다** → 아무리 보잘 것 없는 사람이라도 너무나 업신여기면 성을 낸다는 말

- **천리 길도 한걸음부터** → 무슨 일이든 그 시초가 중요하다는 말

- **칼로 물 베기** → 다투다가도 시간이 흐르면 이내 풀려 두 사람 사이에 아무런 틈이 생기지 않는다는 말

- **콩 심은데 콩 나고 팥 심은데 팥 난다** → 모든 일은 원인에 따라 결과가 생긴다는 말

- **티끌 모아 태산** → 작은 것이라도 모이면 큰 것이 된다는 말

- **핑계 없는 무덤 없다** → 무엇을 잘못해 놓고도 여러 가지 이유로 책임을 회피하려는 사람을 두고 하는 말

- **하늘의 별 따기** → 지극히 어려운 일을 두고 하는 말

- **하늘이 무너져도 솟아날 구멍이 있다** → 아무리 큰 재난에 부딪히더라도 그것에서 벗어날 길은 있다는 말

- **하룻강아지 범 무서운 줄 모른다** → 아직 철이 없어서 아무 것도 모르는 것을 두고 하는 말

- **한 귀로 듣고 한 귀로 흘린다** → 남이 애써 일러 주는 말을 유념해서 듣지 않고 건성으로 듣는 것을 의미하는 말

- **한 술 밥에 배 부르랴** → 어떤 일이던지 처음에는 큰 성과를 기대할 수 없다는 말

- **함흥차사라** → 어떤 일로 심부름을 간 사람이 한 번 떠난 뒤로 돌아오지 않거나 아무 소식이 없다는 말

- **호랑이도 제 말하면 온다** → 마침 이야기를 하고 있었는데 해당 장본인이 나타났을 때 하는 말

04 문법

① 사동 표현

- ㉠ **사동사** : 주어가 남에게 어떤 동작을 하도록 시키는 것을 나타내는 동사이다.

  예 선생님이 영호에게 책을 <u>읽히셨다</u>.

- ㉡ **주동사** : 주어가 직접 행하는 동작을 나타내는 동사이다.

  예 영호가 책을 <u>읽었다</u>.

② 피동 표현

- ㉠ **피동사** : 주어가 남의 행동을 입어서 행하게 되는 동작을 나타내는 동사이다.

  예 토끼가 사냥꾼에게 <u>잡히었다</u>.

- ㉡ **능동사** : 주어가 제 힘으로 행하는 동작을 나타내는 동사이다.

  예 사냥꾼이 토끼를 <u>잡았다</u>.

③ 높임 표현

- ㉠ **주체 높임법** : 서술어가 나타내는 행위의 주체를 높여 표현하는 문법 기능을 말한다(용언 어간＋선어말 어미 '-시-').

  예 선생님께서 그 책을 읽으시었다.

- ㉡ **객체 높임법** : 말하는 이가 서술의 객체를 높여 표현하는 문법 기능을 말한다(주다→드리다, 묻다→여쭙다, 만나다→뵙다).

  예 나는 그 책을 선생님께 드렸다.

④ 시간 표현

- ㉠ **시제** : 말하는 이의 발화시를 기준으로 사건시의 앞뒤를 제한하는 것으로 과거 · 현재 · 미래 시제가 있다.

- ㉡ **발화시와 사건시**
  - 발화시 : 말하는 이가 말을 하는 때
  - 사건시 : 동작이나 상태가 일어난 시점

2017년 출제

☑ 다음 밑줄 친 단어 중 철자법이 틀린 것은 무엇입니까?

① 나는 학교에 갔다.
② 추석에 송편을 먹었다.
③ 철수는 빵을 먹었다.
④ 철이는 게임<u>이</u> 좋아한다.

▶정답 ④

ⓒ **현재 시제** : 발화시와 사건시가 일치하는 시제를 말한다.

• 선어말 어미 '-는'에 의해 실현된다.

　예 그는 지금 밥을 먹는다.

• 관형사형 어미 '-는'에 의해 실현된다.

　예 도서관은 책을 읽는 학생들로 붐빈다.

ⓐ **과거 시제** : 사건시가 발화시보다 앞설 때의 시제를 말한다.

• 선어말 어미 '-었-'에 의해 실현된다.

　예 나는 사과를 먹었다.

• 관형사형 어미 '-ㄴ/-은'에 의해 실현된다.

　예 그 책을 읽은 사람들은 모두 감탄하였다.

ⓜ **미래 시제** : 사건시가 모두 발화시 이후일 때의 시제를 말한다.

• 선어말 어미 '-겠-'에 의해 실현된다.

　예 내일은 비가 오겠다.

• 관형사형 어미 '-ㄹ'에 의해 실현된다.

　예 야영 갈 사람은 미리 신청해라.

• '-겠-'은 추측과 의지, 가능성을 나타내기도 한다.

　예 내일도 비가 오겠다. (추측)

　예 내가 먼저 가겠다. (의지)

　예 나도 그 정도의 문제는 풀겠다. (가능성)

⑤ **부정 표현**

ⓐ **'안' 부정문** : '아니(안)', '아니다', '-지 아니하다(않다)'에 의한 부정문으로, 단순 부정이나 주체의 의지에 의한 부정을 나타낸다.

• 짧은 부정문 : '아니(안)'＋용언

　예 철수는 영희를 안 만났다.

• 긴 부정문 : '용언 어간＋-지(보조적 연결 어미)'＋아니하다

　예 철수는 영희를 만나지 않았다.

ⓑ **'못' 부정** : '못', '-지 아니하다'에 의한 부정문으로, 주체의 능력 부족이나 외부의 원인에 한 불가능을 나타낸다.

• 짧은 부정문 : '못'＋용언

　예 철수는 영희를 못 만났다.

- 긴 부정문 : '용언 어간+-지(보조적 연결 어미)+못하다'
  - 예 철수는 영희를 만나지 못했다.
- © '말다' 부정문 : 명령형이나 청유형에서 사용되어 금지를 나타낸다. 서술어가 동사인 경우에만 가능하나 일부 형용사에서 사용될 경우에는 '기원'의 의미를 지닌다.
  - 예 영희를 만나지 마라. (금지)
  - 예 집이 너무 작지만 마라. (기원)

⑥ **맞춤법**

- ㉠ **개념** : 말을 글자로 적을 때에 지켜야 할 약속을 맞춤법이라고 한다. 맞춤법 규정에 맞게 글을 써야 읽는 이가 그 글을 쉽고 정확하게 읽을 수 있다.
- ㉡ **원칙** : 소리를 글자로 적을 때에는 낱말의 형태, 띄어쓰기, 문장 부호의 사용에 유의해야 한다.
- ㉢ **유의해야 할 맞춤법**
  - '어떻게'는 '어떠하다'가 줄어든 '어떻다'에 어미 '-게'가 결합하여 부사적으로 쓰이는 말이며, '어떡해'는 '어떻게 해'라는 구가 줄어든 말이다.
    - 예 너, 어떻게 된 거냐?/지금 나 어떡해?
  - 종결형에서 사용되는 어미 '-오'는 '요'로 소리가 나는 경우가 있더라도 그 원형을 밝혀 '오'로 적고, 연결형에서 사용되는 '이요'는 '이요'로 적는다.
    - 예 이것은 책이오. 이리로 오시오. /이것은 책이요, 저것은 붓이다.
  - '안'은 용언 앞에 붙어 부정 또는 반대의 뜻을 나타내는 부사 '아니'의 준말이다. '않다'는 동사나 형용사 아래에 붙어 부정의 뜻을 더하는 보조 용언 '아니하다'의 준말이다.
    - 예 담배를 안 피운다. /담배를 피우지 않는다.
  - '-던지'는 지난 일을 나타내고, '-든지'는 무엇이나 가리지 아니함을 나타낸다.
    - 예 얼마나 놀랐던지 몰라. /배든지 사과든지 마음대로 먹어라.

- '가름'은 '따로따로 나누는 일'이나 '사물이나 상황을 구별하거나 분별하는 일' 등의 뜻으로 쓰이며, '갈음'은 '다른 것으로 바꾸어 대신함'을 이르는 말이다.

  예 둘로 가름. /새 책상으로 갈음하였다.

- '반드시'는 '틀림없이', '꼭'이라는 뜻의 낱말로, 필연적 사실을 말할 때에 사용되며, '반듯이'는 '반듯하게' 라는 뜻의 낱말이다.

  예 약속을 반드시 지켜라. /고개를 반듯이 들어라.

- '벌이다'는 어떤 일을 계획하여 착수하거나 어떤 목적으로 시설을 차려 놓거나 모임을 주선할 때에 사용하며, '벌리다'는 두 사이를 떼어서 넓게 하거나, 접히거나 오므라진 것을 편다는 뜻으로 사용한다.

  예 그 마을은 씨름판을 벌였다. /벌린 입을 다물지 못한다.

- '-오'는 양성 모음으로 귀엽고 작은 형상을, '-우'는 음성 모음으로 크고 우람한 형상을 가리킬 때에 쓰인다.

  예 꽃봉오리/산봉우리

- '-으로서'는 신분, 지위, 자격이나 사실을 나타낼 때에 사용하며, '-으로써'는 재료, 수단, 방법을 나타낼 때에 사용한다.

  예 사람으로서 그럴 수는 없다. /닭으로써 꿩을 대신했다.

- '마치다'는 '어떤 일이나 과정, 절차 따위가 끝나다.'란 뜻을 지니며, '맞히다'는 '맞다(문제에 대한 답이 틀리지 아니하다)'의 사동사이다.

  예 벌써 일을 마쳤다. /여러 문제를 더 맞혔다.

- '살지다'는 형용사로서, 몸에 살이 많아 탐스러운 모양을 가리키며, '살찌다'는 동사로서, 몸에 살이 많아지거나 살이 오르는 동태적인 작용을 나타낸다.

  예 살지고 싱싱한 물고기/ 너무 살찌면 움직임이 둔할뿐더러 건강에도 해롭다.

- '안치다'는 '끓이거나 삶거나 찌려고 솥에 넣는다.'라는 뜻이며, '앉히다'는 '자리에 앉게 하다'라는 뜻이다.

  예 밥을 안치다. /학생을 자리에 앉히다.

- '왠'은 관형사로 '어떠한', '어찌된'의 뜻을 지니고 있으며, '왠지'는 '왜인지'의 준말이자 부사로 '왜 그런지 모르게'라는 뜻을 나타낸다.
  예 웬 일로 오셨수?/그를 보니 왠지 쑥스럽다.
- '부치다'와 '붙이다'는 여러 의미로 두루 쓰이는 말로 그 용례를 통해 의미를 익혀야 한다.
  예 힘이 부치는 일이다. 편지를 부치다. 논밭을 부친다. 빈대떡을 부친다. 식목일에 부치는 글. 회의에 부치는 안건. 인쇄에 부치는 원고. 삼촌 집에 숙식을 부친다. /우표를 붙인다. 책상을 벽에 붙인다. 불을 붙인다. 감시원을 붙인다. 조건을 붙인다. 취미를 붙인다. 별명을 붙인다.
- '돼'는 '되어'의 준말이며, '돼야'는 '되어야'의 준말이다.
  예 이번 농사는 잘 되어 풍년이다. /잘 돼야 할 텐데.
- '-(으)므로'는 ('ㄹ'을 제외한 받침 있는 용언의 어간이나 어미 '-었-', '-겠-' 뒤에 붙어) 까닭이나 근거를 나타내는 연결 어미이며, '으로(써)'는 조사이다.
  예 그가 나를 믿으므로 나도 그를 믿는다. /그는 믿음으로(써) 산 보람을 느꼈다.

기출문제

2017년 출제
☑ 다음 밑줄 친 부분 중 맞춤법이 바르게 표기된 것은 무엇입니까?

① 사장님 여기 결제서류 있습니다.
② 오빠 우리 이거 먹으면 안돼?
③ 나, 이거 않할래?
④ 너가 말한대로 되었구나.

●정답 ④

| 01~04 | 다음 글의 (　　)에 들어갈 알맞은 것을 고르시오.

01

가 : 오늘 커피 마셨어요?
나 : 아니요. (　　　　　) 못 마셨어요.

① 청소할수록　　　　　　　　　② 청소하느라고
③ 청소하더라도　　　　　　　　　④ 청소하더니

📝**NOTE** 어떤 일을 하지 못했거나 부정적인 결과가 나왔을 때, 핑계나 이유를 대는 데 쓰는 말이 들어가야 한다. 앞의 내용이 뒤의 내용의 원인이나 이유가 될 때 쓰는 '동사+~느라고'를 쓴 '청소하느라고'가 들어가야 한다.

02

가 : 나는 춤을 못 추겠어요.
나 : 선생님이 (　　　　　) 잘 따라 해봐요.

① 춤추시는 대로　　　　　　　　② 춤추시더라도
③ 춤추시자마자　　　　　　　　　④ 춤추셨다면

📝**NOTE** 앞의 현재 동작이나 상태와 같은 모양으로, 또는 앞에 어떤 동작이나 상태가 나타나는 즉시 등의 뜻을 나타내는 표현인 '동사+~는 대로'가 들어가는 '춤추시는 대로'가 들어가야 한다.

⊙ answer 01.② 02.①

03

장을 보러 마트에 (　　　) 아이스크림도 사야겠어요.

① 가는 바람에
② 간 김에
③ 가는 탓에
④ 갈까 봐

> **NOTE** 앞의 행위를 하면서 그 기회에 관계가 있는 뒤의 행위를 함께 할 때 쓰는 '동사+~는 김에'를 써서 '간 김에'가 들어가야 한다.

04

이 제품은 (　　　　) 집 진드기도 없애줘요.

① 먼지밖에
② 먼지나마
③ 먼지야말로
④ 먼지뿐만 아니라

> **NOTE** 앞의 말을 포함하여 다른 것도 포함됨을 나타낼 때 쓰는 '명사+~뿐만 아니라'를 이용하여 '먼지뿐만 아니라'가 들어가야 한다.

05 다음 그림에서 전달하고자 하는 내용이 아닌 것은 무엇입니까?

① 분리수거를 정해진 날짜에 해야 하는 곳도 있다.

② 쓰레기 분리수거는 환경을 지키는 일이다.

③ 나 하나쯤이야 분리수거는 안 해도 된다.

④ 음식물쓰레기, 종이류, 유리류, 플라스틱류 등으로 나눠서 배출해야 한다.

📝 NOTE ③ 세 번째 그림에 있는 '쓰레기 분리배출에 동참해요'라는 글로 미루어 보아 분리수거는 '나 하나쯤이야'라는 생각보다는 다 함께 해야 하는 일이라는 것을 나타내고 있다.

answer 05.③

┃06~07┃ 다음 글을 읽고 물음에 답하시오.

백두산호랑이는 '한국호랑이'라고도 하며, 높은 산의 숲이 우거진 곳에서 산다. 머리가 크고, 다리는 굵고 튼튼하며, 귓바퀴는 짧고 둥글다. 등쪽에 노란빛을 띤 갈색 털이 나고 24개의 검은 가로줄무늬가 있다. 배쪽은 흰색이며 등쪽보다 연한 빛깔의 가로줄무늬가 있다. 꼬리는 몸통의 반 정도 길이로서 연노랑빛을 띤 갈색이며 8줄의 검은 고리무늬가 있다.

해가 진 뒤부터 이른 아침까지 활동한다. 먹이는 멧돼지 · 노루 · 산양 · 사슴 등이며, 몰래 숨어서 기다리다가 갑자기 공격하여 잡아먹는다. 배불리 먹으면 오랫동안 굶는다. 사람이 접근하기 어려운 바위 굴에 보금자리를 만들며 나무를 잘 타고 헤엄도 잘 친다. 또한 백두산호랑이는 다른 호랑이보다 제일 용맹하고 아름다운 산의 왕처럼 보인다.

예전에는 시베리아호랑이와 다른 아종으로 분류했으나 요즘은 같은 아종으로 다룬다. 북한과 중국 둥베이지방, 만주, 우수리강 등지에 분포하고, 남한에서는 멸종된 것으로 보인다. 최근 경상남도 합천과 강원도 화천 일대에서 야생호랑이 발자국과 비슷한 흔적이 발견되었으나 확인되지 않았다. 2012년 5월 31일 멸종위기 야생생물 1급으로 지정되어 보호받고 있다.

06 위 글이 설명하고 있는 내용과 다른 것은 무엇입니까?

① 백두산호랑이는 사람이 없는 바위 굴에 보금자리를 만든다.

② 백두산호랑이가 남한에서 살고 있는 것이 확인되었다.

③ 백두산호랑이는 멸종위기 동물로 지정되었다.

④ 백두산호랑이는 밤에 사냥을 한다.

> **NOTE** ② 백두산호랑이는 북한과 중국 둥베이지방, 만주, 우수리강 등지에 분포하지만, 남한에서는 야생호랑이 발자국과 비슷한 흔적이 발견되었으나 확인되지 않아 멸종된 것으로 보인다.

◎ answer 06.②

07 위 글에서 글쓴이의 의견을 나타낸 것은 무엇입니까?

① 귓바퀴는 짧고 둥글다.

② 나무를 잘 타고 헤엄도 잘 친다.

③ 아름다운 산의 왕처럼 보인다.

④ 검은 고리무늬가 있다.

> 🔖**NOTE** ③ '아름답다'와 '산의 왕'이라는 내용은 정확한 사실보다는 생각이나 의견을 나타낸다.

08 다음 중 나머지 넷과 관련이 없는 자음은 무엇입니까?

① ㅅ   ② ㅌ

③ ㄴ   ④ ㄹ

> 🔖**NOTE** ① 치음(齒音)이며, ②③④ 설음(舌音)이다.

09 다음 중 국어의 특징으로 옳지 않은 내용은 무엇입니까?

① 주어 생략이 많다.

② 외래어 중 한자어가 많다.

③ 음절 구성은 '자음+모음+자음'의 유형이다.

④ 받침소리로는 'ㄱ, ㄴ, ㄹ, ㅁ, ㅂ, ㅅ, ㅇ' 7개 자음만 발음한다.

> 🔖**NOTE** 받침소리로는 'ㄱ, ㄴ, ㄷ, ㄹ, ㅁ, ㅂ, ㅇ' 7개 자음만 발음한다.

ⓞanswer 07.③ 08.① 09.④

10 다음 중 두 개의 음운만으로 이루어진 음절은 무엇입니까?

① 감   ② 절

③ 음   ④ 우

🖉 NOTE   ①②는 3개, ③은 2개, ④는 1개의 음운으로 되어 있다.

11 다음 접속어 중 "인과"와 관련성이 없는 것은 무엇입니까?

① 따라서   ② 그러니까

③ 그래서   ④ 하지만

🖉 NOTE   ④번은 역접(앞의 내용과 상반되는 내용을 이어주는 것)의 의미로 활용되는 접속어이다.

12 다음 중 "전환"과 관련성이 없는 것은 무엇입니까?

① 아무튼   ② 그러면

③ 이를테면   ④ 다음으로

🖉 NOTE   ③번은 예시(앞의 내용에 대해 구체적인 예를 들어 설명하는 것)의 의미로 활용되는 접속어이다.

answer   10.③   11.④   12.③

13 다음 중 첫 음절의 끝 자음이 그대로 다음 음절의 첫소리로 발음되는 것은 무엇입니까?

① 꽃을 ② 옷 안

③ 겉옷 ④ 웃어른

> NOTE ① 꽃을[꼬츨]
> ② 옷 안[옫안 → 오단]
> ③ 겉옷[걷옫 → 거돋]
> ④ 웃어른[욷어른 → 우더른]

14 겁이 나서 몹시 두려워진다는 것을 나타내는 속담은 무엇입니까?

① 개천에서 용 난다.

② 간이 콩알만해지다.

③ 가랑비에 옷 젖는 줄 모른다.

④ 가는 말이 고와야 오는 말도 곱다.

> NOTE ②번은 사람들이 갑자기 놀라운 일을 당하게 되면 매우 당혹한 느낌을 받게 되는데 너무도 뜻밖의 놀라운 일이므로 "간이 콩알만큼 변한다"는 뜻으로 표현하는 것을 말한다.

15 다음 중 두 자음이 만나 양쪽 자음의 소리가 모두 바뀐 것은 무엇입니까?

① 섭리 ② 찰나

③ 먹는 ④ 남루

> NOTE ① [섬니] ② [찰라] ③ [멍는] ④ [남누]

● answer 13.① 14.② 15.①

16 다음 중 무리 속에 어울리지 못하는 사람을 뜻하는 속담은 무엇입니까?

① 가재는 게 편

② 값싼 것이 비지떡

③ 개밥에 도토리

④ 간에 기별도 안 간다.

NOTE ③번은 단체 또는 무리 등에서 따돌림을 받아 그들 축에 끼지 못하는 사람을 비유적으로 이르는 말이다.

17 한 가지의 것이 이런 것도 같고 저런 것도 같아 어느 한 쪽으로 결정짓기 어려운 일을 두고 하는 말을 무엇이라고 합니까?

① 귀에 걸면 귀걸이 코에 걸면 코걸이

② 까마귀 날자 배 떨어진다.

③ 고래 싸움에 새우등 터진다.

④ 뛰는 놈 위에 나는 놈 있다.

NOTE ①번은 일정한 원칙이 없이 둘러대기에 따라 이렇게도 되고 저렇게도 될 수 있음을 뜻하는 말이다.

18 보기는 해도 먹거나 가질 수는 없듯이 실제 아무런 소용이 없다는 의미의 속담을 무엇이라고 합니까?

① 공든 탑이 무너지랴   ② 그림의 떡

③ 꿩 대신 닭   ④ 금강산도 식후경

NOTE ②번은 아무리 마음에 들어도 이용할 수 없거나 차지할 수 없는 경우를 뜻하는 말이다.

answer 16.③ 17.① 18.②

19 글자라고는 아무것도 모르는 무식한 사람을 이르는 의미의 속담을 무엇이라고 합니까?

① 다 된 죽에 코 풀기

② 까마귀 날자 배 떨어진다.

③ 낫 놓고 기역자도 모른다.

④ 구더기 무서워 장 못 담글까

> **NOTE** ③번은 기역자 모양으로 생긴 낫을 놓고도 기역자를 모른다는 뜻으로, 사람이 글자를 모르거나 아주 무식함을 비유적으로 뜻하는 말이다.

20 아무리 좋은 것, 재미있는 일이 있더라도 배가 부르고 난 뒤에야 좋은 줄 안다는 의미의 속담을 무엇이라고 합니까?

① 꿩 먹고 알 먹기

② 금강산도 식후경

③ 돌다리도 두들겨 보고 건너라

④ 등잔 밑이 어둡다.

> **NOTE** ②번은 아름다운 금강산의 풍경도 밥을 먹은 후에 구경을 해야 제대로 볼 수 있다는 말로, 아무리 재미있는 일이라도 배가 고프면 흥미가 생기지 않는다는 것을 비유적으로 뜻하는 말이다.

answer 19.③ 20.②

21 나이 들어서 시작한 일에 몹시 골몰한 사람을 뜻하는 의미의 속담을 무엇이라고 합니까?

① 늦게 배운 도둑이 날 새는 줄 모른다.

② 되로 주고 말로 받는다.

③ 닭 잡아먹고 오리발 내민다.

④ 땅 짚고 헤엄치기

> **⊟NOTE** ①번은 뒤늦게 시작한 일에 재미를 알게 되어 더욱 열중하게 된다는 것을 비유적으로 뜻하는 말이다.

22 망신을 당한 자리에서는 아무 말도 못하고 다른 곳에 가서 화풀이를 한다는 의미의 속담을 무엇이라고 합니까?

① 하룻강아지 범 무서운 줄 모른다.

② 콩 심은데 콩 나고 팥 심은데 팥 난다.

③ 종로에서 뺨 맞고 한강 가서 눈 흘긴다.

④ 지렁이도 밟으면 꿈틀거린다.

> **⊟NOTE** ③번은 어떤 일을 당한 사람이 그 자리에서는 위세에 눌려 아무 말도 못하고 있다가 엉뚱한 곳에 가서 화풀이를 한다는 것을 비유적으로 뜻하는 말이다.

⊙ answer 21.① 22.③

사회통합프로그램 종합평가
면접심사

| 면접심사

01 면접심사

기출문제

✓ **면접심사 시 복장**
심사를 볼 때는 자신있는 목소리로 발음은 정확하게 또박또박 소리를 크게 한다.

01 면접시험

면접시험은 귀화신청자가 한국어를 얼마나 잘 이해하고 얼마만큼 잘 구사하는지 능력을 알기 위한 것과 대한민국 국민으로서 기본소양을 갖추었는지 등을 알기 위해 애국가 불러보기, 국민의 의무와 권리 등을 테스트하게 된다. 또한 올바른 시민의 자세를 갖추었는지 등도 평가요소에 포함된다고 볼 수 있다.

02 면접심사

(1) 한국어 이해 및 말하기 능력

🗨️질문 (어떤 글을 보여주면서) 이 내용을 읽어보세요.

🗨️질문 이 글의 내용을 이해합니까?

(2) 국민으로서 자세

① **국민의 4대 의무를 이해하고 있는지 여부**

🗨️질문 대한민국이 다른 나라의 침략을 받는 경우 대한민국 국민으로서 어떻게 행동하여야 합니까?

✏️ 국방의 의무를 위해 다 함께 싸울 것입니다.

질문 세금은 꼭 내야 한다고 생각합니까?

🕯 세금은 나라의 살림살이를 꾸려가는 데 필요한 돈이므로 반드시 납부를 해야 합니다.

질문 일본이 평화헌법 개정으로 전쟁을 일으킬 경우 어떻게 해야 합니까?

🕯 일본이 전쟁을 일으킨다면 반드시 싸울 것입니다.

② **공동체 의식**

질문 다른 사람과 갈등을 겪을 경우에 자기의 생각과 다르면 무조건 반대하는 것이 맞습니까?

🕯 내 생각도 중요하나 다른 사람의 생각도 중요하므로 무조건 반대하는 것은 옳지 않다고 생각합니다.

질문 높은 아파트에 살면서 발생하는 층간 소음문제는 어떻게 생각합니까?

🕯 소음을 만드는 것은 타인을 배려하지 않는 행동이므로 조심할 필요가 있다고 생각합니다.

③ **국경일 의미**

질문 3 · 1절을 국경일로 제정한 이유를 알고 있습니까?

🕯 3 · 1절은 일제강점기의 독립정신을 계승하고 국민의 애국심을 함양하기 위해 제정된 국경일입니다.

질문 추석은 언제를 말합니까?

🕯 음력 8월 15일로 설과 함께 대표적 명절로 햇곡식을 추수하여 떡을 빚고 밤, 대추, 감 등의 햇과일을 따서 선조께 차례를 지내고 성묘하는 날입니다.

기출문제

질문 한글날은 언제입니까?

✏ 10월 9일로 한글을 창제해서 세상에 펴낸 것을 기념하고, 우리 글자 한글의 우수성을 기리기 위한 국경일입니다.

(3) 애국가

✓ • 애국가를 부르는 문제는 거의 매년 나온다.
• 음정, 박자, 가사 및 발음은 정확하게 큰 소리로 부른다.
• 음정과 박자가 약간 불안하거나 한 두 소절의 가사가 틀리더라도 끝까지 불러야 한다.

질문 애국가를 부를 수 있습니까?

질문 애국가를 작곡한 사람은 누구입니까?

애국가

(4) 자유민주적 기본질서(민주주의의 의미)

질문 민주주의 사회에서 국가의 주권이 국민과 정부 중 어디에 있다고 생각합니까?

✏ 민주주의는 국가의 주권이 국민에게 있고 국민을 위하여 정치를 행하는 제도로 민주주의 사회에서 국가의 주권은 국민에게 있습니다.

질문 자유민주주의를 부정하고 무너뜨리려는 행동이 허용된다고 생각합니까?

🕐 자유민주주의를 부정하고 무너뜨리려는 생각과 행동을 하는 경우 북한과 같은 독재국가가 되기 때문에 옳지 않다고 생각합니다.

질문 민주주의 체제에서는 개인의 자유가 허용되는데 이 자유는 책임이 따르지 않는 무제한적인 자유라고 생각합니까?

🕐 개인의 자유는 책임이 뒤따른다고 생각합니다.

(5) 국민으로서의 기본소양

① 대중교통 이용 시 노약자석 의미 이해 여부

질문 지하철을 탔을 때 지팡이를 든 노인이 내가 앉아 있는 자리 앞에 서 있는 경우 어떻게 합니까?

🕐 노인공경의 마음으로 자리를 양보합니다.

질문 버스에 탄 임산부가 힘들어 한다면 어떻게 해야 합니까?

🕐 임산부이므로 자리를 양보해 줍니다.

질문 휠체어를 탄 사람이 버스에 오를 때 힘들어하면 어떻게 합니까?

🕐 장애인이므로 장애인보호석으로 옮겨 주거나 도와줍니다.

② 112 등 긴급전화 이해 여부

질문 다른 사람의 물건을 훔친 사람이 도망가는 경우 어떻게 해야 합니까?

🕐 경찰서에 신고를 해야 합니다.

☑ 대한민국에서 1988년 올림픽이 개최되었는데 그 장소는 어디입니까?

◎정답 잠실종합운동장

질문 112는 어떨 때 전화를 하는 번호입니까?

⚡ 범죄가 발생한 경우 신고를 하는 번호입니다.

질문 119와 112의 차이점을 설명해보세요.

⚡ 119는 불이 났을 때 연락하며, 112는 범죄신고 전화입니다.

질문 불이 난 경우 어디에 연락을 해야 합니까?

⚡ 119에 신고를 합니다.

③ **올바른 시민의 자세 이해 여부**

질문 쓰레기는 어떻게 처리를 합니까?

⚡ 종량제 봉투에 담은 후 지정된 장소에 버립니다.

질문 길거리에서 흡연을 해도 됩니까?

⚡ 타인에게 간접적인 피해를 주므로 해서는 안 됩니다.

질문 술을 먹고 운전을 해도 됩니까?

⚡ 사고가 발생할 수 있으므로 음주운전을 해서는 안 됩니다.

질문 밤 시간에 노래를 따라 불러도 괜찮습니까?

⚡ 밤에는 자야 하는 시간이므로 다른 사람의 수면을 방해하는 행동을 하지 않습니다.

질문 도서관에서 다른 사람과 이야기를 해도 됩니까?

⚡ 도서관은 조용히 공부를 하는 곳이므로 시끄럽게 떠들지 않아야 합니다.

(1) 대한민국

질문 애국가 3절을 불러 보세요.

> 가을 하늘 공활한데 높고 구름 없이, 밝은 달은 우리 가슴 일편단심일세.
>
> 무궁화 삼천리 화려강산, 대한 사람 대한으로 길이 보전하세.

질문 한국은 어떤 나라라고 생각합니까?

> 정신적·신체적으로 구속받지 않는 자유민주주의 국가입니다.

질문 국민의 4대 의무 중 납세의 의무에 대해 설명해 보세요. ★ 단골 질문

> 국가 유지에 필요한 경비를 부담하여야 할 국민의 기본의무로, 법률이 정하는 세금을 납부해야 하는 의무입니다.

질문 한국을 대표하는 꽃은 무엇입니까?

> 무궁화

질문 민주주의 체제에서는 개인의 자유가 허용되는데 이 자유는 책임이 따르지 않는 무제한적 자유라고 생각합니까?

> 그렇지 않습니다. 본인의 행동에 대해 책임질 수 있는 자유가 민주주의 자유입니다.

질문 우리나라의 수도는 어디입니까?

> 서울

질문 현재 우리나라 대통령은 누구입니까? ★ 단골 질문

> 윤석열

기출문제

2018년 기출

☑ 서울에 가서 볼 수 있는 대표적인 유적지에는 어떤 것들이 있습니까?

정답 경복궁, 덕수궁, 창경궁, 창덕궁, 경희궁, 암사동 선사유적지 등

💬 **질문** 우리나라 최초의 국가인 고조선을 세운 인물은 누구입니까?

✎ 단군

(2) 일반상식

💬 **질문** 7월 17일은 제헌절입니다. 제헌절에 대해 설명해 보세요.

✎ 대한민국 헌법의 공포를 기념하고 준법정신을 높일 목적으로 제정된 국경일입니다.

💬 **질문** 8월 15일에 담긴 국경일과 명절에 대해 설명해 보세요.

✎ 양력 8월 15일은 대한민국이 일본으로부터 광복된 것을 기념하고 정부수립을 경축하는 국경일인 광복절이고, 음력 8월 15일은 대표적인 명절인 추석입니다.

💬 **질문** 긴급전화 112와 119의 차이를 설명해 보세요.

✎ 112 범죄신고, 119 화재 및 구조 · 구급, 재난신고

💬 **질문** 된장찌개에 들어가는 재료는 무엇인지 말해 보세요.

✎ 쇠고기, 마늘, 된장, 파, 두부 등

💬 **질문** 횡단보도에 파란색 불이 켜지면 어떻게 해야 합니까?

✎ 차가 오는지 좌우를 확인하고 건너갑니다.

💬 **질문** 누군가가 길에 쓰러져 의식이 없는 경우에는 어떻게 해야 합니까?

✎ 응급처치 후 구조대원에게 연락을 합니다.

2017년 기출
☑ 범죄를 예방하고 진압 및 치안을 유지하는 국가기관은 어디입니까?

정답 경찰서

질문 화재가 발생하면 어떻게 해야 하나요?

🕐 119에 신고해야 합니다.

질문 통장을 만들고 돈을 저금하는 곳은 어디인가요?

🕐 은행입니다.

질문 광복절에 대해 설명할 수 있나요? (국경일별 날짜와 제정 의의)
★ 단골 질문

🕐 광복절은 1945년 8월 15일에 대한민국이 일본으로부터 광복
된 것을 기념하고 정부수립을 경축하는 국경일입니다.

질문 주민등록등본 등 공문서를 떼는 곳은 어디입니까?

🕐 주민센터

질문 빨래를 하기 위한 가전제품은 무엇입니까?

🕐 세탁기

질문 병원에서 의사를 도와 환자를 치료하는 사람을 무엇이라고 부릅니까?

🕐 간호사

질문 물건을 도둑맞거나 잃어버렸을 때 어디에 신고합니까?

🕐 경찰서

질문 우리나라에서 가장 빠른 기차는 무엇입니까?

🕐 KTX, SRT

기출문제

2017년 기출
☑ 우리나라의 큰 명절 2개를 말해보시오.

○정답 설날, 추석

(3) 한국의 전통문화

질문 추석에 먹는 떡 이름은 무엇입니까?

🎤 송편

질문 명절에 입는 우리나라 전통 의상은 무엇입니까?

🎤 한복

질문 설날에 먹는 대표적인 음식을 말해 보세요.

🎤 떡국

질문 우리나라 전통 가옥은 무엇입니까?

🎤 한옥

(4) 통일 및 안보

질문 대한민국이 다른 나라의 침략을 받는 경우 대한민국 국민으로서 어떻게 행동하겠습니까? ★ 단골 질문

🎤 국가를 위해 목숨을 걸고 싸워 국민의 일원으로써 나라를 구해야 합니다.

질문 6 · 25 전쟁은 어느 나라가 침략한 것입니까?

🎤 북한

질문 우리나라가 통일이 되기를 원합니까?

🎤 네 그렇습니다.

질문 통일은 어떻게 이루어져야 한다고 생각합니까?

🎤 순차적으로 남 · 북의 상황을 고려해가며 이루어져야 합니다.

(5) 기후 및 지리

질문 지금은 어느 계절입니까?

  ✪ 12~2월인 경우 : 겨울, 3~5월인 경우 : 봄, 6~8월인 경우 :
     여름, 9~11월인 경우 : 가을

질문 우리나라의 여름에 대해 말해 보세요.

  ✪ 덥고 습하며, 바다 또는 계곡을 찾는 시기입니다.

질문 우리나라 동쪽에 있는 바다 이름은 무엇입니까?

  ✪ 동해

질문 독도는 어디에 있습니까? ★ 단골 질문

  ✪ 동해, 우리나라 동쪽 끝, 울릉도 옆

질문 도봉산은 서울의 어느 구에 있습니까?

  ✪ 도봉구

질문 한라산이 있는 우리나라에서 가장 큰 섬은 어디입니까?

  ✪ 제주도(제주특별자치도)

질문 우리나라의 광역시는 어디입니까?

  ✪ 부산광역시, 인천광역시, 대전광역시, 대구광역시, 광주광역
     시, 울산광역시

(6) 최근 면접 기출문제

2017년 기출
☑ 우리나라 태극기의 4괘는 무엇입니까?

✪정답 건(하늘), 곤(땅), 감 (물), 리(불)

질문 신라시대에 있었던 청년단체 이름은 무엇입니까?

🎤 화랑도

질문 우리나라에서 가장 긴 고속도로는 어느 것입니까?

🎤 경부고속도로

질문 인천국제공항이 있는 섬의 이름은 무엇입니까?

🎤 영종도

질문 대한민국에서 가장 남쪽에 있는 섬의 이름은 무엇입니까?

🎤 마라도

질문 우리나라 고유의 종이를 무엇이라고 부릅니까?

🎤 한지

질문 한반도에서 두 차례 남북 정상 회담이 열린 지역은 어디입니까?

🎤 평양

질문 6.25전쟁이 발발한 연도는 언제입니까?

🎤 1950년

질문 신라시대의 가장 대표적인 불교 문화재는 어느 것입니까?

🎤 불국사

질문 우리나라 대통령의 임기는 몇 년입니까?

🎤 5년

질문 대한민국을 상징하는 국기의 이름은 무엇입니까?

✎ 태극기

질문 국가 간의 자유무역을 위해서 무역장벽을 제거하는 협약을 무엇이라고 합니까?

✎ FTA

질문 심청가, 적벽가, 수궁가 등은 어떤 민속악에 속합니까?

✎ 판소리

질문 우리나라의 분단 상황이 굳어지게 된 전쟁은 무엇입니까?

✎ 6.25전쟁

질문 공원에 놀러갔습니다. 하지만 쓰레기를 버릴 곳이 없을 때 어떻게 하시겠습니까?

✎ 쓰레기를 아무데나 버리지 않고 집으로 가져가서 버리겠습니다.

질문 길을 걷다가 할머니께서 무거운 짐을 들고 계십니다. 어떻게 하시겠습니까?

✎ 당연히 할머니의 무거운 짐을 들어드려야 합니다.

질문 광복절은 언제이며, 무엇을 기념하기 위한 날인가요?

✎ 광복절은 매년 8월 15일이며, 한국이 일본으로부터 독립(해방)된 것을 기념하기 위한 날입니다.

04

사회통합프로그램 종합평가
실전 모의고사

1 (   )에 들어갈 말로 알맞은 것을 고르시오.

> 수진 : 올해 여름은 정말 더웠지?
> 지원 : 응. 매일 땀을 (   ) 흘렸다니까.

① 빙빙   ② 뻘뻘
③ 쑥쑥   ④ 실실

2 우리나라 화폐 단위는 무엇입니까?

① 위안   ② 루피
③ 달러   ④ 엔

3 다음 중 법에 따라 재판을 하는 기관은 어디입니까?

① 입법부   ② 사법부
③ 행정부   ④ 국토교통부

4 다음 중 군정 및 군령과 그 밖에 군사에 관한 사무를 관장하는 기관은 어디입니까?

① 여성가족부　　　　　　　　② 고용노동부
③ 환경부　　　　　　　　　　④ 국방부

5 (　　　　　)에 들어갈 말로 가장 적절한 것을 고르시오.

엄마 : 민호야, 할아버지께 진지 잡수시라고 말씀 드리렴.
민호 : (　　　　　　　　　)

① 싫어.　　　　　　　　　　② 나 배고파.
③ 그래. 알았어.　　　　　　④ 네. 알겠어요.

6 다음 중 사회보험의 종류가 아닌 것은 무엇입니까?

① 고용보험
② 의료급여제도
③ 국민연금
④ 산업재해보상보험

7 한국의 수출품 중에서 전 세계적으로 수출되는 상품이 아닌 것은 무엇입니까?

① 텔레비전   ② 천연가스

③ 자동차   ④ 김

8 다음 중 신, 버선, 방망이 따위의 둘을 한 벌로 세는 단위를 무엇이라고 합니까?

① 켤레   ② 벌

③ 첩   ④ 타래

9 다음 중 한글을 창제한 사람은 누구입니까?

① 진덕여왕   ② 선덕여왕

③ 장수왕   ④ 세종대왕

10 다음 사진들과 관련 있는 직책을 고르시오.

① 대통령   ② 검사

③ 판사   ④ 국회의원

11 다음 중 고구려를 건국한 사람은 누구입니까?

① 이승만　　　　　　　　　② 대조영
③ 송일국　　　　　　　　　④ 주몽

12 다음 중 G20 홍보대사, 유니세프 친선대사 등 다방면의 홍보대사를 역임한 스포츠 스타는 누구입니까?

① 손연재　　　　　　　　　② 박태환
③ 김연아　　　　　　　　　④ 장미란

13 1994년에는 보스턴 마라톤에 참가하여 한국 최고 기록을 경신하는 2시간 08분 09초(4위)를 기록하여 건재함을 증명한 마라토너는 누구입니까?

① 하일성　　　　　　　　　② 이종범
③ 이봉주　　　　　　　　　④ 황영조

14 동의보감을 저술한 사람은 누구입니까?

① 전광렬　　　　　　　　　② 허준
③ 유의태　　　　　　　　　④ 이순재

15 다음은 어느 지역에 대한 설명입니까?

> • 산간지방에 입지하고 있는 촌락이다.
> • 주민은 밭농사와 각종 임산물 생산에 주로 의존하여 생활한다.

① 도시　　　　　　　　　　② 농촌
③ 산촌　　　　　　　　　　④ 어촌

16 광복절은 몇 월 며칠입니까?

① 12월 25일　　　　　　　② 10월 1일
③ 8월 15일　　　　　　　　④ 4월 5일

17 다음 중 이순신 장군이 승리한 해전이 아닌 것은 무엇입니까?

① 옥포해전　　　　　　　　② 한산대첩
③ 명량해전　　　　　　　　④ 행주대첩

18 해양긴급신고 전화번호는 몇 번입니까?

① 114　　　　　　　　　　② 119
③ 120　　　　　　　　　　④ 122

19 우리나라의 설은 언제입니까?

① 음력 1월 1일   ② 음력 2월 2일

③ 음력 3월 3일   ④ 음력 4월 4일

20 다음 글이 설명하는 우리나라 대통령은 누구입니까?

> • 우리나라 15대 대통령이다.
> • IMF(국제통화기금) 관리체제의 외환위기를 극복하였다.
> • 2000년 노벨평화상을 수상했다.

① 김영삼   ② 김대중

③ 노무현   ④ 이명박

21 다음 표현을 연결해서 만든 문장 중 가장 자연스러운 것을 고르시오

> 배가 고프다 / 밥을 먹다

① 배가 고프고 밥을 먹었다.

② 배가 고프려고 밥을 먹었다.

③ 배가 고플 만큼 밥을 먹었다.

④ 배가 고파서 밥을 먹었다.

22 후백제를 건국한 사람은 누구입니까?

① 궁예   ② 견훤
③ 왕건   ④ 신숭겸

23 다음의 의미를 갖는 속담은 무엇입니까?

뜻하지 않은 상황에서 뜻밖에 재난을 입음

① 등잔 밑이 어둡다.
② 빈 수레가 요란하다.
③ 비 온 뒤에 땅이 굳어진다.
④ 마른하늘에 날벼락

24 다음 중 권력분립에 대해 잘못 설명한 것은 무엇입니까?

① 국가의 권력이 한 개인이나 집단에 집중되지 않도록 나누는 제도이다.
② 권력분립 제도는 국가의 공무원 수를 늘리고 예산 확보에도 꼭 필요한 제도이다.
③ 권력분립은 국민의 자유를 보장하기 위한 제도이다.
④ 대한민국은 중앙 정부의 권력을 행정부, 입법부, 사법부로 나누는 3권 분립제도를 채택하고 있다.

25 빈 칸에 들어갈 말로 알맞은 것을 고르시오

> 가 : 저는 어렸을 때 정말 옷을 잘 입는 (　) 였어요.
> 나 : 정말요?

① 겁쟁이　　　　　　　　　　② 멋쟁이
③ 개구쟁이　　　　　　　　　④ 대장장이

26 조선 고종 때 추진된 개혁운동으로 서양 및 일본의 문물을 모델로 하여 근대적 변혁을 꾀한 개혁을 무엇이라고 합니까?

① 갑오개혁　　　　　　　　　② 갑신정변
③ 아관파천　　　　　　　　　④ 을미개혁

27 다음 중 1905년 일본이 한국의 외교권을 박탈하기 위해 강제로 체결한 조약은 무엇입니까?

① 강화도조약　　　　　　　　② 제물포조약
③ 을사조약　　　　　　　　　④ 조영통상조약

28 우리나라 대통령 중에서 금융실명제 및 지방자치제를 실시한 사람은 누구입니까?

① 노태우　　　　　　　　　　② 전두환
③ 김영삼　　　　　　　　　　④ 이명박

29 어버이날은 언제입니까?

① 2월 5일 　　　　　　　② 3월 6일

③ 4월 7일 　　　　　　　④ 5월 8일

30 괄호 안에 들어갈 말로 알맞은 것을 고르시오

> 저도 우리 아버지(　) 운동을 잘했으면 좋겠어요.

① 까지 　　　　　　　② 마다

③ 처럼 　　　　　　　④ 부터

31 다음 밑줄 친 부분 중 맞춤법에 어긋나게 표기된 것을 고르시오

> 시장에서 <u>복숭아</u>를 싸게 <u>팔기에</u> 한 상자 <u>사다가</u> 설탕물에 <u>조려</u> 냉장고에 <u>넣어</u> 두었다.

① 넣어 　　　　　　　② 팔기에

③ 사다가 　　　　　　　④ 조려

32 다음 중 형제간의 우애를 주제로 한 판소리는 무엇입니까?

① 흥부가   ② 심청가

③ 적벽가   ④ 수궁가

33 음악, 무용, 연극, 공예기술 및 놀이 등의 물질적으로 보존할 수 없는 문화재 전반을 무엇
이라고 합니까?

① 민속자료   ② 국보

③ 유형문화재   ④ 무형문화재

34 다음에서 설명하는 권리는 무엇입니까?

> 모든 국민은 국가에 대해 인간다운 생활의 보장을 요구할 수 있는 권리를 가지고 있다.
> 국민의 최저 생활을 보장하고 사회 복지를 이루기 위해 만들어진 권리로 모든 국민은
> 능력에 따라 균등하게 교육을 받을 권리를 가지며, 모든 국민은 일할 기회를 요구할 권
> 리가 있다. 또한 국민은 인간다운 생활을 위한 사회 보장을 받을 권리가 있다.

① 평등권

② 자유권

③ 사회권

④ 청구권

35 품질 정보와 뜻이 잘못 연결된 것을 고르시오

품질정보	뜻
① 제품명	물건의 이름을 알 수 있다.
② 식품의 유형	내용물의 유형을 알 수 있다.
③ 내용량	내용물이 얼마나 들어있는지를 알 수 있다.
④ 제조일자	상품이 시중에 유통될 수 있는 기한을 알 수 있다.

36 설날에 우리나라에서 밥 대신에 올리는 음식은 무엇입니까?

① 스테이크   ② 떡국
③ 짬뽕   ④ 자장면

37 다음 중 횃불을 들고 뒷동산에 올라가 달이 뜨기를 기다렸다가 달이 뜨게 되면 횃불을 땅에 꽂고 소원을 비는 것을 무엇이라고 합니까?

① 달타령   ② 별맞이
③ 해돋이   ④ 달맞이

38 다음의 설명과 관련이 깊은 조선 후기 화가는 누구입니까?

• 서민들의 일상 생활을 소박하고 익살스럽게 묘사 • 서당도, 씨름도 등

① 신윤복　　　　　　　　　　② 강세황
③ 장승업　　　　　　　　　　④ 김홍도

39 우리나라 여름철 옷감으로 많이 활용하는 것은 무엇입니까?

① 토시　　　　　　　　　　　② 삼베 및 모시
③ 비단　　　　　　　　　　　④ 무명

40 다음의 (　) 안에 들어갈 말로 알맞은 것을 고르시오

직장을 구할 때에는 이력서와 함께 자신을 소개할 수 있는 (　)을/를 제출해야 한다.

① 진단서　　　　　　　　　　② 차용증
③ 자기소개서　　　　　　　　④ 보험증서

1 다음 문장에서 밑줄 친 부분이 맞춤법에 어긋나게 표기된 것을 고르시오.

> 대한민국은 <u>봄</u>, <u>열음</u>, <u>가을</u>, <u>겨울</u>의 4계절이 뚜렷한 나라이다.

① 봄   ② 열음
③ 가을   ④ 겨울

2 다음 글의 빈칸에 들어갈 말로 바르게 짝지어진 것은 무엇입니까?

> (   )란 국가와 지방자치단체의 책임하에 생활 유지 능력이 없거나 생활이 어려운 국민의 (   )을 보장하고 자립을 지원하는 제도이다. 빈곤층의 생계보장과 의료보장은 국가의 과제이며, 국민의 권리임을 의미하는 것이다.

① 사회보험 – 최저생활
② 사회보험 – 인간다운 삶
③ 공공부조 – 평균생활
④ 공공부조 – 최저생활

3 다음 중 자치시에 해당하는 것은 어디입니까?

① 부산 ② 울산
③ 세종 ④ 광주

4 우리나라 국민의 권리 중 대한민국 헌법에 명시된 권리가 아닌 것을 고르시오.

① 사회권 ② 참정권
③ 청구권 ④ 관리권

5 다음은 무엇에 대한 이야기입니까?

죽은 사람을 땅에 묻거나 화장하는 일

① 추석 ② 제사
③ 장례 ④ 성묘

6 다음에서 설명하는 저축 상품은 무엇입니까?

정해진 기간 동안 일정액을 매월 납입하고 정해진 기간이 끝난 만기일에 약정금액을 지급 받는다.

① 연금저축 ② 보통예금
③ 정기적금 ④ 보험

7 다음 중 밤, 도토리, 곡식의 낱알 같은 것을 세는 단위는 무엇입니까?

① 톨   ② 섬

③ 타래   ④ 덩이

8 8조법의 법률로 통치하던 고대국가는 어디입니까?

① 마한   ② 동예

③ 옥저   ④ 고조선

9 다음에 설명하고 있는 왕은 누구입니까?

> 고구려의 도읍을 국내성에서 평양으로 옮기고 고구려의 영토를 크게 확장시켰다.

① 광개토대왕   ② 장수왕

③ 의자왕   ④ 보장왕

10 다음 중 이 대화가 이루어지는 장소로 가장 적절한 것을 고르시오.

> 가 : 김수진님, 진료실로 들어갈게요.
> 나 : 네.
> 다 : 어디가 아파서 오셨어요?

① 식당   ② 병원

③ 학교   ④ 도서관

11 백제의 시조는 누구입니까?

① 구관조   ② 황영조
③ 이광조   ④ 온조

12 다음에서 설명하는 이 나라는 어디입니까?

> 이 나라 사람들은 12월이 되면 하늘에 제사를 드리는데, 온 나라 백성이 크게 모여서 며칠을 두고 음식을 먹고 노래하며 춤추니, 그것을 곧 영고라 한다. 이 때에는 형옥(刑獄)을 중단하고 죄수를 풀어 준다. 전쟁을 하게 되면 그 때에도 하늘에 제사를 지내고, 소를 잡아서 그 발굽을 가지고 길흉을 점친다.

① 부여   ② 고구려
③ 동예   ④ 옥저

13 대한민국의 제20대 대통령은 누구입니까?

① 박근혜   ② 문재인
③ 윤석열   ④ 이명박

14 다음에 설명하고 있는 사람은 누구입니까?

> 고구려 장수 출신으로 고구려 유이민과 말갈족을 이끌고 중국 지니성 근처에 발해를 세웠다.

① 걸사비우   ② 흑수돌
③ 흑치상지   ④ 대조영

15 다음 중 이 국가기관은 무엇입니까?

> 이 국가기관에서는 추석 연휴기간 전국이 대체로 맑겠으나 남해안과 제주도 먼 바다에서 파도가 높을 수 있으니 주의하라고 당부했다.

① 국세청　　　　　　　　　② 기상청
③ 통계청　　　　　　　　　④ 산림청

16 애국가를 작곡한 사람은 누구입니까?

① 태진아　　　　　　　　　② 송대관
③ 안익태　　　　　　　　　④ 조수미

17 개천절은 언제입니까?

① 10월 3일　　　　　　　　② 3월 1일
③ 5월 5일　　　　　　　　④ 7월 17일

18 한글날은 언제입니까?

① 12월 24일　　　　　　　② 10월 9일
③ 8월 15일　　　　　　　④ 6월 6일

19 밑줄 친 국가기관은 어디입니까?

> 이 국가기관에서는 올 겨울 눈이 적게 내릴 것이라고 전망하며 내년 봄 물 부족으로 인한 가뭄을 걱정했다.

① 국세청　　　　　　　　　　　② 산림청
③ 경찰청　　　　　　　　　　　④ 기상청

20 다음에서 설명하고 있는 것은 무엇입니까?

> • 에밀레종이라고도 한다.
> • 경상북도 경주시 인왕동 국립경주박물관에 있는 신라시대의 종이다.

① 성덕대왕 신종　　　　　　　　② 보신각 동종
③ 상원사 동종　　　　　　　　　④ 천흥사 범종

21 아래 글을 읽고 영수가 가려고 하는 곳을 고르시오

> 아침에 기침을 심하게 하시는 어머니를 위해 학교가 끝나고 약을 사려고 한다.

① 빵집　　　　　　　　　　　　② 은행
③ 약국　　　　　　　　　　　　④ 정육점

22 우리나라의 농촌개발 및 농산물 유통에 관한 사무 등을 관장하는 기관은 어디입니까?

① 산업통상자원부　　　　　　　② 농림축산식품부
③ 과학기술정보통신부　　　　　④ 기획재정부

23 다음 글의 ( ) 안에 공통적으로 들어갈 알맞은 말은 무엇입니까?

( )는 뒤로 산을 등지고 앞으로 물을 내려다보이는 지세를 갖춘 터이다. ( )한 지형은 마을이나 건축 조영물이 들어설 이상적인 지형으로 사람이 살기에 좋은 터이다. 이러한 터는 산이 둘러싸고 있어서 외부에 잘 노출되지 않아 방어하기가 좋다. 또 터가 경사지고 앞으로 트여 있기 때문에 일조량이 많고 배수에 유리하다. 겨울철에는 등지고 있는 산이 차가운 바람을 막아준다. 여름철에는 앞으로 흐르는 시냇물과 들판을 통해 시원한 바람이 들어온다. ( )는 농경생활을 하기에 적합하면서 생태적이고 친환경적인 특성을 지닌다.

① 풍수지리　　　　　　　　② 배산명당
③ 배산임수　　　　　　　　④ 배수임산

24 국민들은 인간다운 생활을 영위하는데 필요한 조건의 형성을 국가에 요구할 수 있는 권리를 무엇이라고 합니까?

① 자유권　　　　　　　　② 평등권
③ 청구권　　　　　　　　④ 사회권

25 빈 칸에 들어갈 말로 알맞은 것을 고르시오

시간은 ( )과 같다. 멈추지 않고 흘러간다.

① 강물　　　　　　　　② 하늘
③ 책　　　　　　　　　④ 나무

26 우리나라에서 3심 재판을 맡는 곳은 어디입니까?

① 지구대 ② 경찰서
③ 대법원 ④ 고등법원

27 다음 재판의 종류 중 개인 간에 발생하게 되는 문제를 해결하기 위한 재판을 무엇이라고 합니까?

① 특허재판 ② 민사재판
③ 군사재판 ④ 형사재판

28 국민이 대표자를 직접 선출하는 제도를 무엇이라고 합니까?

① 평등선거 ② 비밀선거
③ 간접선거 ④ 직접선거

29 "널리 인간 세계를 이롭게 한다"는 뜻으로 우리 민족의 사상적 뿌리이자, 대한민국의 건국 이념이기도 한 이것은 무엇입니까?

① 투명인간   ② 홍익인간

③ 기계인간   ④ 복제인간

30 다음 중 한국의 출산, 보육정책으로 옳지 않은 것은 무엇입니까?

① 임산부의 출산과 건강관리를 위하여 진료비 일부를 지원한다.

② 가정내에서 양육되고 있는 아동에 대한 비용을 지원한다.

③ 만8세 미만의 모든 아동 양육에 따른 경제적 부담을 경감하고 건강한 성장 환경을 조성하기 위하여 아동수당을 지원한다.

④ 0~2세 영유아의 보육료는 임신바우처로 인하여 지원하지 않는다.

31 이차돈의 순교로 불교를 공인하면서 독자적 연호인 건원을 사용한 신라의 왕은 누구입니까?

① 광개토대왕   ② 소수림왕

③ 진흥왕   ④ 법흥왕

32 고려의 건국 시기는 언제입니까?

① 910년   ② 918년

③ 920년   ④ 925년

33 우리나라의 국보 제32호는 무엇입니까?

① 팔만대장경　　　　　　　　② 남대문

③ 동대문　　　　　　　　　　④ 훈민정음

34 다음 중 9세기 후반~10세기 때부터 전남 강진 지방에서 제작된 고려의 유물은 무엇입니까?

① 붓　　　　　　　　　　　　② 비단

③ 팔만대장경　　　　　　　　④ 고려청자

35 다음 중 지하철에서의 바른 태도를 고르시오

① 큰 소리로 전화 통화를 한다.

② 노약자가 보이면 자리를 양보한다.

③ 신발을 신고 의자 위에 올라간다.

④ 지하철 안을 빠르게 뛰어다닌다.

36 몽고의 제3차 침입으로 인해 황룡사 9층탑, 대구 부인사 대장경판이 소실되기도 했던 시기는 언제입니까?

① 1235년　　　　　　　　　　② 1237년

③ 1239년　　　　　　　　　　④ 1241년

37 고려 광종 때 처음 실시된 것으로 일정한 시험을 거쳐 관리를 등용하는 제도를 무엇이라고 합니까?

① 미래제도　　　　　　　　　② 과거제도

③ 현재제도　　　　　　　　　④ 수도제도

38 압록강 하류에 있는 위화도에서 회군하여 고려의 정권을 찬탈한 사람은 누구입니까?

① 정몽주　　　　　　　　　　② 정도전

③ 이성계　　　　　　　　　　④ 이육사

39 집현전을 설치하여 유학자를 우대하고 한글을 창제하게 한 왕은 누구입니까?

① 진덕여왕　　　　　　　　　② 근초고왕

③ 소수림왕　　　　　　　　　④ 세종대왕

40 다음에서 설명하는 제도는 무엇입니까?

> 초등학교 내에 마련된 별도 교실에서 각 시도교육청 또는 학교에서 채용한 돌봄전담사가 방과 후부터 아이들을 돌봐주는 제도를 말한다. 저소득층과 맞벌이 가정의 자녀를 위해 방과 후 학교에 마련된 교실에서 학생들을 돌봐주는 시스템이다. 이는 학교의 보육과 교육 기능을 확대하여 소외계층이나 보호를 필요로 하는 학생들에게 서비스를 제공하기 위한 제도이다.

① 긴급돌봄서비스
② 아이돌봄서비스
③ 초등돌봄교실
④ 다함께돌봄센터

1 다음은 무엇에 대한 이야기입니까?

> 한국인들에게 있어서 돌아간 이를 추모하는 의식을 말하며, 특히 부모를 추모하는 것은 바뀌지 않으며, 그들에게 가장 익숙한 이러한 의례를 통해 계속해서 부모들을 추도하게 된다.

① 혼례   ② 제사
③ 관례   ④ 추석

2 다음 중 실업급여를 받을 수 있는 조건은 무엇입니까?

① 고용보험 납입기간이 직장을 떠나는 날을 기준으로 12개월간 180일 이상 고용보험이 적용되는 직장에서 일을 해야 한다.
② 자발적 사유로 직장을 떠나는 경우에도 실업급여를 받을 수 있다.
③ 고용보험 납입기간이 직장을 그만두게 된 날을 기준으로 18개월간 180일 이상 고용보험이 적용되는 직장에서 일을 해야 한다.
④ 어떤 사유이던 직장을 그만두게 되면 실업급여를 받을 수 있다.

3 다음의 표현을 연결해서 만든 문장 중, 가장 자연스러운 것을 고르시오.

> 배가 고프다 / 밥을 먹게 되다

① 배가 고프지 않을 것 같아서 밥을 먹게 되었다.
② 배가 고프려고 밥을 먹게 되었다.
③ 배가 고픈데 반해 밥을 먹게 되었다.
④ 배가 고파서 밥을 먹게 되었다.

4 괄호 안에 들어갈 말로 가장 알맞은 것을 고르시오.

> 난 못생겼으니 나도 우리형(   ) 잘생겼으면 좋겠어요.

① 대한   ② 가장
③ 순서   ④ 만큼

5 다음 빈 칸에 들어갈 말로 가장 알맞은 것을 고르시오.

> 가 : 저는 어렸을 때부터 어른을 공경하는 그런 (　　　)였어요.
> 나 : 정말요? 그랬을 거 같아요.

① 아줌마　　　　　　　　　　② 어른
③ 아이　　　　　　　　　　　④ 겁쟁이

6 다음의 문장에서 밑줄 친 부분이 맞춤법에 어긋나게 표기된 부분을 고르시오.

> 동물도 인간과 마찬가지로 감정을 지니고 있어서 <u>븐노</u>, <u>슬픔</u>, <u>기쁨</u>, <u>미움</u>, 증오 등을 느끼고 나타낼 줄을 안다.

① 븐노　　　　　　　　　　　② 슬픔
③ 기쁨　　　　　　　　　　　④ 미움

7 고려를 건국한 사람은 누구입니까?

① 주몽

② 최민수

③ 최수종

④ 왕건

8 다음 중 이 국가기관은 무엇입니까?

> 의 국가기관에서는 국가안전보장에 연관되는 각종 정보·보안 및 범죄수사 등에 대한 사무를 맡고 있는 대통령 직속하의 국가 정보기관이다.

① 경찰청

② 검찰청

③ 국가정보원

④ 기상청

9 조선 시대에 만들어진 「동의보감」은 누가 집필하였는가?

① 전광렬

② 허준

③ 이제마

④ 최수종

10 우리나라 국민의 의무에 대한 설명으로 잘못된 것은 무엇입니까?

① 우리나라는 국민의 의무가 헌법에 정해져 제시되어 있다.

② 현재 상황에 필요하다면 국민에게 새로운 의무를 부과할 수 있다.

③ 헌법이 규정하는 국민의 의무는 국민이 인권을 보장받으며 살기 위해 꼭 필요한 것으로 한정되어 있다.

④ 나의 의무를 다하는 것은 다른 사람의 권리를 소중하게 여김과 동시에 나의 권리를 보장받을 수 있는 방법이다.

11 다음 중 동남아시아에서 우리나라에 들어온 것은 무엇입니까?

① 마늘   ② 양파
③ 생강   ④ 고추

12 다음 중 한국의 수출품이 아닌 것은?

① 원유   ② 반도체
③ 자동차 부품   ④ 철강판

13 다음의 내용과 관련이 있는 나라는 어디입니까?

> • 상가, 고추가
> • 데릴사위제(서옥제)
> • 제가회의
> • 추수감사제(동맹)

① 고구려
② 백제
③ 신라
④ 삼한

14 다음은 옛날과 오늘날의 생활 도구에 있어서의 변화를 표현한 것이다. 빈 칸 안에 들어갈 알맞은 말은 무엇입니까?

옷 등의 주름이나 구김을 펴고 줄을 세우는 데 쓰는 도구	
옛날	( )
오늘날	다리미

① 처마   ② 인두
③ 가마솥   ④ 해우소

15 우리나라의 대전 엑스포는 언제 개최되었습니까?

① 1991 　　　　　　　　② 1992

③ 1993 　　　　　　　　④ 1994

16 우리나라에 있는 산이 아닌 것은 무엇입니까?

① 설악산 　　　　　　　② 태산

③ 백두산 　　　　　　　④ 한라산

17 다음 중 2008년 2월 10일에 발생한 화재로 인해 2층의 문루가 소실되고 1층의 문루 일부
가 불에 탄 서울의 대표적인 문화재는 무엇입니까?

① 사과문 　　　　　　　② 서대문

③ 동대문 　　　　　　　④ 남대문

18 다음 품질정보와 뜻이 바르지 않게 연결된 것을 고르시오.

	품질정보	뜻
①	제조회사	어느 회사가 만들었는지 알 수 없다.
②	원재료 및 원산지	물건 만드는 재료 및 재료생산 국가와 지역을 알 수 있다.
③	제품명	물건의 이름을 알 수 있다.
④	제품가격	물건의 가격이 얼마인지 알 수 있다.

19 다음 글이 설명하는 것은 무엇입니까?

집 등의 부동산을 사고 팔 때 중요한 서류 중 하나로 부동산의 기본 정보와 소유권, 소유권 이외의 권리등이 표시되어 있기 때문에 거래 전 꼭 확인해 하는 서류이다.

① 인감증명서
② 등기부등본
③ 부동산매매계약서
④ 주민등록초본

20 다음의 (　　) 안에 들어갈 말로 알맞은 것을 고르시오.

우리나라 17세 이상의 국민은 시장·군수에게 (　　)의 발급을 신청하여 소지해야 하고, 국외로 나갈 때에는 세대주·가족 또는 출국보증인 등에게 보관하여야 한다.

① 차용증 　　　　　　　　　　② 이력서
③ 학생증 　　　　　　　　　　④ 주민등록증

21 (　　) 안에 들어갈 알맞은 단어를 고르시오.

희영 : 나 예전보다 몸무게가 많이 나가는 것 같아.
동건 : 그러게, 점점 (　　)해지네?

① 뚱뚱 　　　　　　　　　　② 쌀쌀
③ 펑펑 　　　　　　　　　　④ 훌쩍훌쩍

22 보기를 읽고 동건이 가야할 곳을 고르시오.

> 몸에 열이 많이 난다. 먹은 것도 다 토하고 배도 아프다.

① 소방서　　　　　　② 주민센터
③ 병원　　　　　　　④ 학교

23 (　　) 안에 들어갈 알맞은 단어를 고르시오.

> • 흥분한 내 마음이 마치 (　　)와/과 비슷하다.
> • 바다에 이는 (　　)처럼 내 마음도 일렁인다.

① 지진　　　　　　　② 해일
③ 중력　　　　　　　④ 파도

24 광개토대왕과 관계 있는 것을 고르시오.

① 고구려   ② 서희

③ 김대중   ④ 조선

25 (　)에 들어갈 알맞은 문장을 고르시오.

> 종국 : 예슬아, 숙제는 다 했니?
> 예슬 : _____

① 넌 손이 없니?

② 응. 지금 켜줄게.

③ 아니요, 다하지 못했어요.

④ 우리팀, 이겨라.

26 (   ) 안에 공통적으로 들어갈 알맞은 말은 무엇입니까?

• 이름(   ) 무엇입니까?
• 국방의 의무는 국민(   ) 책임져야 하는 의무이다.

---

① 이

② 은

③ 에게

④에서

27 다음 문장에서 밑줄 친 부분이 맞춤법에 어긋나게 표기된 것을 고르시오.

<u>목욕실</u>, 부엌의 <u>싱크대</u>, <u>축축한</u> 지하실, <u>미끄러운</u> 수영장과 같은 물기가 있는 장소에서 사용하지 마세요.

---

① 목욕실

② 부엌

③ 싱크대

④ 축축한

28 다음은 어느 지역을 설명한 것입니까?

> • 대부분의 집은 산 속에 위치하고 있으며, 너와집, 귀틀집과 같은 전통가옥이 특징이다.
> • 공기가 좋아 관광지로도 큰 인기를 끌고 있으며 자연산 나물 등을 수확한다.

① 어촌   ② 산촌
③ 농촌   ④ 도시

29 다음 사진의 건물이 있는 곳은 어디입니까?

① 창덕궁   ② 경복궁
③ 덕수궁   ④ 창경궁

30 모든 국민이 자녀에게 최소한 초등교육과 법률이 정하는 교육을 받게 할 의무는 무엇입니까?

① 국방의 의무　　　　　　　　② 근로의 의무

③ 교육의 의무　　　　　　　　④ 납세의 의무

31 우리나라의 마니산이 있는 곳은 어디입니까?

① 수원시　　　　　　　　　　② 경주시

③ 부산광역시　　　　　　　　④ 강화도

32 세금과 관련한 업무를 맡아보는 곳은 어디입니까?

① 국세청　　　　　　　　　　② 병원

③ 경찰서　　　　　　　　　　④ 소방서

33 음력 8월 15일로, 그동안 가꾼 곡식과 과일들이 익어 수확에 대한 감사의 뜻으로 조상께 햇곡식과 햇과일로 제물을 정성껏 바치는 천신차례를 지내는 최대 명절 중 하나인 이것은 무엇입니까?

① 추석　　　　　　　　　　　② 단오

③ 한글날　　　　　　　　　　④ 설날

34 다음이 설명하는 대통령은 누구입니까?

> • 한국의 제16대 대통령이다.
> • 1988년 국회의원에 당선되어 정치에 입문한 뒤 2002년 12월 19일 대통령 선거에서 당선되었다.

① 노무현　　　　　　　　　　② 박근혜

③ 이명박　　　　　　　　　　④ 윤보선

35 군부대와 같이 민간인이 출입하지 못하도록 한 곳을 무엇이라 합니까?

① 금연구역   ② 위험지역

③ 출입금지구역   ④ 위수지역

36 한국에서 경범죄에 해당하지 않는 것은 무엇입니까?

① 지하철에 무임 승차하는 행위

② 소방서에 장난전화를 거는 행위

③ 지하철에서 노약자에게 자리를 양보하지 않는 행위

④ 도움이 필요한 사람에 대한 신고불이행

37 다음에 설명하고 있는 곳은 어디입니까?

> 동해바다의 외로이 고립된 섬으로 신라의 이사부가 독립국인 우산국을 점령한 뒤 우릉도라고도 불리었다. 화산활동으로 생성된 화산섬으로 분화구인 나리분지 외에는 평지를 찾아볼 수 없다. 여전히 원시의 아름다움을 간직한 채 많은 관광객들에게 큰 인기가 있는 섬이다.

① 제주도　　　　　　　　　　② 울릉도
③ 거제도　　　　　　　　　　④ 대이작도

38 감전을 당한 사람을 발견했을 때 응급조치로 옳은 것을 고르시오.

① 바로 감전된 사람을 만져 생사를 확인한다.
② 물을 끼얹져 정신을 차리게 한다.
③ 상처가 난 경우 우유로 씻는다.
④ 사고장소에 끊어진 전선 등이 있는 경우는 절대 손대지 말고 전원을 먼저 차단하도록 한다.

39 보물 1호인 동대문의 원래 이름은 무엇입니까?

① 흥인지문　　　　　　　　② 숙정문

③ 숭례문　　　　　　　　　④ 돈의문

40 다음 사진은 지하철 객실내부의 사진입니다. 좌석에서 그림이 의미하고 있는 것은 무엇입니까?

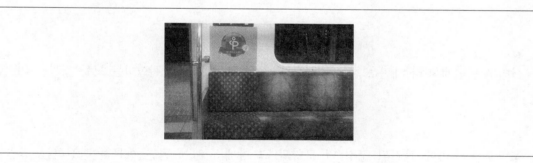

① 임산부 배려석　　　　　　② 노약자 배려석

③ 담배 금지 표시　　　　　　④ 음식물 취식 금지

04   1회 정답 및 해설

1 ②

② **뻘뻘** : 땀을 매우 많이 흘리는 모양

① **빙빙** : 약간 넓은 일정한 범위를 자꾸 도는 모양

③ **쑥쑥** : 여럿이 한꺼번에 또는 하나가 여러 번 안으로 깊이 들어가거나 밖으로 불룩하게 내미는 모양

④ **실실** : 소리 없이 실없게 슬며시 웃는 모양

2 ④

우리나라 화폐 단위는 "원"이다.

3 ②

사법부는 법에 따라 재판을 하는 기관으로, 법원 및 대법원이 관할하는 모든 기관을 의미한다.

4 ④

국방부는 국방에 관련된 군정 및 군령과 그 밖에 군사에 관한 사무를 관장하는 기관이다.

5 ④

④ 엄마에게 이야기를 할 때는 높임말을 사용해야 한다.

6 ②

② 의료급여제도는 공공부조이다.

사회보험의 종류 : 건강보험, 고용보험, 국민연금, 산업재해보상보험

공공부조의 종류 : 국민기초생활보장제도, 의료급여제도

7 ②

② 천연가스는 한국이 수입하는 물품 중 하나이다.

8 ①

켤레는 신, 버선, 방망이 따위의 둘을 한 벌로 세는 단위이다.

9 ④

한글은 1446년 세종대왕이 훈민정음을 제정하여 만들어진 우리나라 글자이다.

10 ④

왼쪽 사진은 대한민국의 국회의사당이고, 오른쪽 사진은 국회를 상징하는 국회휘장이다.

11 ④

고구려를 건국한 사람은 '주몽'으로 기원전 37년 압록강 지역에 건국하였다.

12 ③

김연아는 광고모델로 얻은 수익의 대부분을 피겨 꿈나무들을 위해서 기부하는 등의 명실상부한 스포츠 스타이자 피겨 스타이다.

13 ④

황영조는 1994년에는 보스턴 마라톤에 참가하여 한국 최고 기록을 경신하는 2시간 08분 09초 (4위)를 기록하여 건재함을 증명하였으며, 이 해 10월, 일본 히로시마에서의 제12회 아시아 경기 대회 마라톤에서 금메달을 따면서 국민적인 영웅이 된 우리나라의 대표적인 마라토너이다.

14 ②

허준은 조선 중기의 의학자이며, 조선 한방의학의 발전에 기여한 「동의보감」을 완성하였다.

15 ③

전 국토의 70%가 산악지형인 우리나라에서 산촌은 오랜 역사를 지닌 촌락 유형 중 하나이다.

16 ③

광복절은 매년 8월 15일이다.

17 ④

이순신 장군의 해전

ⓐ **옥포해전**(1592. 5. 7.) : 이순신장군이 지휘하는 조선수군이 임진왜란이 일어난 후 거둔 첫 승리, 왜선 42척 격파(옥포, 합포, 적진포)

ⓑ **사천해전**(1592. 5. 29.) : 거북선이 처음으로 실전 투입 활약한 해전, 왜선 13척 격파

ⓒ **당포해전**(1592. 6. 2.) : 사천해전에 이어 두 번째로 거북선을 앞세운 전투, 왜선 21척 격파

ⓓ **한산대첩**(1592. 7. 8.) : 이순신 장군이 출전한 해전 중 가장 유명한 해전으로 학날개전법을 사용해 왜선을 모두 소탕

ⓔ **부산포해전**(1592. 9. 1.) : 부산포에서 왜선 430여척과 싸운 해전, 왜선 100여척 격파

ⓕ **명량해전**(1597. 9. 16.) : 백의종군에서 풀려나 통제사로 돌아온 이순신장군이 단 13척이 배를 이끌고 왜선 330척과 맞서 싸운 해전, 왜선 133척을 격파

ⓖ **노량해전**(1598. 11. 19.) : 조선수군과 일본함대가 벌인 마지막 해전, 전투는 승리하였으나 이순신 장군은 왜군의 총탄에 전사하였으며 "나의 죽음을 알리지 말라"며 아군의 사기를 떨어뜨리지 않음

18 ④

해양긴급신고 전화번호는 122이다.

19 ①

우리나라의 설은 음력 정월 초하룻날(음력 1월 1일)이다.

20 ②

제시된 내용은 1998년 2월부터 2003년 2월까지 재임한 우리나라 15대 대통령인 김대중 대통령과 관련된 설명이다.

21 ④

배가 고파서 밥을 먹었다는 인과관계(원인-결과)로 연결하는 것이 자연스럽다.

22 ②

견훤은 혼란한 시대를 틈타 독자적인 정권을 수립하면서 전라도 지방의 군사력과 호족세력을 토대로 지금의 전라북도 전주에 도읍을 정하고 '후백제'를 세우게 되었다.

23 ④

① 가까이 있는 대상이 도리어 잘 알기 어렵다는 말

② 실속 없는 사람이 겉으로 더 떠들어 댐을 이르는 말

③ 어떤 시련을 겪은 뒤에 더 강해짐을 이르는 말

24 ②

권력분립 제도는 국가의 작용을 몇 가지로 나누어 그것들을 서로 다른 담당자에게 담당시켜 이들 담당자 간에 상호적 견제, 세력 균형을 유지시키려는 통치제도로 공무원 수나 예산과는 관련이 없다.

25 ②

멋쟁이는 멋있거나 멋을 잘 부리는 사람이다.

26 ①

갑오개혁의 주된 내용은 왕권을 제한하고, 신분제를 철폐하며, 각종 폐습을 타파하는 것이었다.

27 ③

① 1876년 2월 27일(고종 13년) 조선과 일본 사이에 체결된 수호조약. 근대 국제법의 토대 위에서 맺은 최초의 조약이며, 일본의 강압적 위협으로 맺어진 불평등 조약

② 1882년 조선과 일본 사이에 체결된 불평등 조약. 임오군란에 개입한 일본이 조선에 책임을 물어 일본 측 대표 하나부사 요시모토 공사와 조선의 김홍집사이에 맺어진 조약

④ 1883년(고종 20년) 11월 26일 조선과 영국 사이에 체결한 통상 조약

28 ③

김영삼은 대한민국의 제14대 대통령으로 금융실명제와 지방자치제를 실시하였다.

29 ④

어버이의 은혜를 기리기 위한 날로, 매년 5월 8일이다.

30 ③

'처럼'은 모양이 서로 비슷하거나 같음을 나타내는 격조사이다.

31 ①

어떤 공간 속으로 들게 하다는 의미를 표현할 때는 '넣어'가 맞춤법에 맞는 표기이다.

32 ①

② 부모에 대한 효를 주제로 한다.

③ 충과 의에 대한 강조가 주제이다.

④ 허욕에 대한 경계와 위기 극복에 대한 내용을 담고 있다.

33 ④

무형문화재는 형태로 헤아릴 수 없는 문화적 소산으로써 역사상 또는 예술상 가치가 높은 것을 의미한다.

34 ③

① **평등권** : 누구나 법 앞에서 평등하며, 신분이나 성별, 종교, 지역 등에 따라 차별받지 않을 권리이다.

② **자유권** : 자유롭게 행동할 수 있는 권리로 살고 싶은 곳에서 살 수 있고, 원하는 직업이나 종교를 가질 수 있다. 법에 의하지 않고는 신체적 구속을 당하지 않고, 생각을 자유롭게 말할 수 있다.

④ **청구권** : 국민이 국가에 대하여 어떤 일을 해 달라고 말할 수 있는 권리로 국회나 행정 기관에 의견을 낼 수 있고, 억울한 일을 당했을 때는 공정한 재판을 받을 수 있다.

35 ④

상품이 시중에 유통될 수 있는 기한을 알려주는 정보는 유통기한이다. 제조일자는 제품이 생산된 날짜를 말한다.

36 ②

우리나라의 설날에는 '떡국차례'라 해서 밥 대신에 떡국을 올렸다.

37 ④

달맞이 풍속은 전국적으로 분포하고 있는 정월 대보름날의 풍속으로 횃불을 들고 뒷동산에 올라가 달이 뜨기를 기다렸다가 달이 뜨게 되면 횃불을 땅에 꽂고 소원을 비는 것을 의미한다.

38 ④

김홍도 … 서민을 주인공으로 하여 밭갈이, 추수, 집짓기, 대장간 등 주로 농촌의 생활상을 그리면서 땀 흘려 일하는 사람들의 일상생활을 소박하고 익살맞게 묘사하였다.

39 ②

우리나라의 여름철 옷감으로 바람이 잘 통하는 시원한 삼베 및 모시 등을 활용하였다.

40 ③

자기소개서는 자기의 이름, 경력, 직업 따위를 남에게 알리는 글로 직장을 구할 때 이력서와 함께 제출한다.

1 ②

대한민국의 4계절은 봄, 여름, 가을, 겨울이다.

2 ④

공공부조란 국가와 지방자치단체의 책임하에 생활 유지 능력이 없거나 생활이 어려운 국민의 최저생활을 보장하고 자립을 지원하는 제도이다. 빈곤층의 생계보장과 의료보장은 국가의 과제이며, 국민의 권리임을 의미하는 것이다.

3 ③

우리나라의 자치시는 세종특별자치시 뿐이다.

4 ④

우리나라 국민의 권리 중 대한민국 헌법에 명시된 권리는 참정권, 평등권, 사회권, 자유권, 청구권 등이 있다.

5 ③

① 추석 : 우리나라 명절의 하나. 음력 팔월 보름날이다.

② 제사 : 신령이나 죽은 사람의 넋에게 음식을 바치어 정성을 나타낸다.

④ 성묘 : 조상의 산소를 찾아가서 돌봄. 또는 그런 일. 주로 설, 추석, 한식에 한다.

6 ③

① 연금저축은 개인이 안정적인 노후생활 준비를 위해 자발적으로 가입하는 장기 저축상품이다.

② 보통예금은 만기가 정해져 있지 않고 입출금이 자유로운 예금이다.

④ 보험은 미래에 일어날 수 있는 각종 재난이나 사고로부터 자신이나 가족에게 경제적 손해를 보상해 주기 위한 제도이다.

7 ①

밤, 도토리, 곡식의 낱알 같은 것을 세는 단위는 톨이다.

8 ④

고조선은 노비가 존재하던 신분제 사회였으며, 8조법과 같은 법률로 통치하던 국가였다.

9 ②

장수왕은 광개토대왕의 맏아들로 도읍을 국내성에서 평양으로 옮기고 고구려의 영토를 크게 확장시킨 왕이다.

10 ②

'진료실', '아파서' 등을 통해 병원임을 알 수 있다.

11 ④

백제의 시조는 온조로서 고구려의 이주민 세력이며, 본래 백제 지역에 살고 있던 토착민들과 결합하여 백제가 성립되었다.

12 ①

부여의 사회 모습을 보여주는 사료이다. 부여는 왕 아래에 가축의 이름을 딴 마가, 우가, 저가, 구가라는 부족장이 존재하였으며 이들은 사출도를 다스렸다. 이들은 왕을 선출하기도 하고 흉년이 들면 왕에게 책임을 묻기도 하였다.

13 ③

윤석열은 대한민국의 제20대 대통령이다.

14 ④

대조영은 고구려 장수 출신으로 고구려 유민과 말갈족을 이끌고 중국 지린성 동모산 근처에 도읍을 정하고 698년에 발해를 건국하였다.

15 ②

기상청은 기상재해로부터 국가와 국민의 안전 도모, 기상기후산업의 증진 등을 위해 국가기상 업무를 관장하고 지원하는 중앙행정기관이다.

16 ③

안익태는 1936년에 〈애국가〉를 작곡하였다.

17 ①

개천절은 우리 민족의 최초 국가인 고조선의 건국을 기념하기 위해 제정된 국경일이며, 매년 10월 3일이다.

18 ②

세종대왕이 오늘날의 한글을 창제해서 세상에 펴낸 것을 기념하고, 우리나라의 글자인 한글의 우수성을 기리기 위한 국경일로 매년 10월 9일이다.

19 ④

④ **기상청** : 환경부 소속으로, 우리나라의 기상 상태를 관측하고 예보하는 일을 한다.

① **국세청** : 기획재정부 소속으로, 내국세의 부과·감면 및 징수에 관한 일을 한다.

② **산림청** : 농림축산식품부 소속으로, 산림의 보호·육성, 산림 자원의 증식, 임산물의 이용 및 개발 등에 관한 일을 한다.

③ **경찰청** : 행정안전부 소속하에 설치되어 경찰 업무를 관장하는 기관이다.

20 ①

경상북도 경주시 인왕동 국립경주박물관에 있는 신라시대의 종으로 1962년 12월 20일 국보 제29호로 지정되었다. 한국 최대의 종으로, 에밀레종 또는 봉덕사에 달았기 때문에 봉덕사종 이라고도 한다.

21 ③

약은 약국에서 살 수 있다.

22 ②

농림축산식품부는 농산·축산, 식량·농지, 수리, 식품산업진흥, 농촌 개발 및 농산물 유통에 관한 사무 등을 관장한다.

23 ③

배산임수 : 지형이 뒤로는 산을 등지고 앞으로는 물에 면하여 있다는 뜻으로 겨울이 춥고 여름 이 더운 기후 조건, 산지가 많은 지형 조건에서 배산임수한 터는 예로부터 한국인들에게 삶의 터전을 잡는데 필요한 조건을 제공하였다. 배산임수는 삶의 체험으로부터 개념화되고 체계화 된 것이며, 자연 속에서 인간이 취해 온 매우 구체적인 삶의 방식의 하나이다.

24 ④

사회권은 국민들이 인간다운 생활을 영위하는데 필요한 조건의 형성을 국가에 요구할 수 있는 권리를 말하며, 근로자에 대한 최저 임금제의 실시, 의무교육의 실시, 건강하고 쾌적한 생활할 수 있는 권리 등이 있다.

25 ①

보기 중 멈추지 않고 흘러가는 것은 강물이다.

26 ③

대법원은 우리나라의 최고 법원으로 3심 재판을 맡는 곳이다.

27 ②

민사재판은 개인 간 발생하는 문제를 해결하기 위한 재판이 이루어지는 곳이다.

28 ④

직접선거는 국민들이 대표자를 직접적으로 선출하는 제도를 말한다.

29 ②

홍익인간은 '널리 인간 세계를 이롭게 한다'는 뜻으로 우리 민족의 사상적 뿌리이자, 대한민국의 건국이념이다.

30 ④

④ 0~2세 영유아의 경우에도 부모의 양육비용 경감 및 사회활동 참여기회 확대로 저출산 사회문제 해소를 위한 보육환경 조성에 기여하고자 보육료를 지원하고 있다.

31 ④

법흥왕은 금관가야를 정복하여 낙동강까지 영토를 확장하고, 이차돈의 순교로 불교를 공인하면서 독자적 연호인 건원을 사용하였다.

32 ②

고려는 왕건에 의해 건국되었으며, 그 시기는 918년이다.

33 ①

합천 해인사에 보관 중인 팔만대장경은 우리나라 국보 제32호이다.

34 ④

고려청자는 푸른빛이 감도는 것으로 지배층의 수요로 인해 9세기 후반~10세기 때부터 전남 강진 지방에서부터 제작되었다.

35 ②

① 지하철 안에서는 작은 소리로 통화를 하는 것이 좋다.

③ 신발을 신고 의자 위에 올라가지 않는다.

④ 지하철 안을 뛰어다니지 않는다.

36 ①

1235년에 몽고의 제3차 침입으로 인해 황룡사 9층탑, 대구 부인사 대장경판이 소실되기도 하였다.

37 ②

과거제는 일정한 시험을 거쳐 관리를 등용하는 제도로 고려시대 광종 때 처음 실시되었다.

38 ③

고려 말기 요동을 정벌하기 위해 나선 이성계가 압록강 하류에 있는 위화도에서 회군하여 고려의 정권을 장악하고, 온건개혁파를 제거하여 조선을 창건하였다.

39 ④

세종대왕은 집현전을 설치하여 유학자를 우대하고 한글을 창제하게 되었다.

40 ③

① **긴급돌봄서비스** : 감염병 등의 이유로 긴급하게 돌봄 수요가 있는 이들을 대상으로 제공되는 돌봄 서비스

② **아이돌봄서비스** : 만 12세 이하 자녀를 둔 맞벌이 가정 등에 아이돌보미가 직접 방문해 아이를 보살피는 돌봄서비스

④ **다함께돌봄센터** : 지역 중심의 돌봄체계를 구축하고, 공적 돌봄을 확대하여 초등학령기 아동의 돌봄 사각지대를 해소하고자 시행된 다함께돌봄사업의 일환으로서 설치 및 운영되는 시설이다. 초등학교 정규교육 외의 시간 동안 아동의 안전한 보호와 안전한 급식 및 간식의 제공, 등하교 전후에 긴급하게 발생하는 돌봄 부재를 지원하는 서비스 등을 하고 있다. 이용 대상은 돌봄이 필요한 6~12세(초등학생) 아동으로, 소득 수준과는 무관하며 각 지방자치단체(센터별)는 지역 여건에 따라 센터 이용 우선순위를 정할 수 있다.

1 ②

제사는 신령에게 음식을 바치고 기원을 드리거나, 또는 돌아간 이를 추모하는 의식을 말한다.

2 ③

실업급여를 받을 수 있는 조건

• 고용보험 납입기간 : 직장을 떠나게 된 날을 기준으로 하여 18개월간 180일 이상을 고용보험이 적용되는 직장에서 근무했어야 한다.

• 이직 사유 : 해고와 같은 비자발적 사유로 직장을 떠나는 경우에 해당된다. 본인 스스로 직장을 그만 둔 경우에는 해당되지 않는다.

3 ④

두 개의 문장을 접속사를 활용해서 자연스럽게 연결시키게 되면 ④번이 가장 적절한 문장이 된다.

4 ④

~만큼은 앞의 내용에 따른 상당한 수량이나 또는 정도를 나타내는 말로써 문맥 상 ⑤번이 가장 적절하다.

5 ③

"어렸을 때부터 어른을 공경하는~"으로 미루어 보아, 어린 시절과 관련성이 높은 단어가 와야 하므로 문맥 상 ③번이 가장 적절하다.

6 ①

①번은 상당히 분개해서 화를 내는 것을 의미하므로 "분노"로 바꾸어야 한다.

7 ④

고려는 태조 왕건이 신라 말에 분열된 한반도를 통일해서 세운 왕조이다.

8 ③

국가정보원은 국가 정보활동에 대한 기본정책을 수립하고 이를 집행하게 되는 대통령 직속의 국가 최고정보기관을 말한다.

9 ②

「동의보감」은 허준에 의해 집필되었다.

10 ②

국민의 의무를 헌법에 정해 놓은 이유는 헌법에 규정된 경우와 헌법이 정하는 방법 및 절차에 의하지 않고는 새로운 의무를 부과하지 못하게 하려는 데 원래의 목적이 있다. 따라서 상황과 필요에 따라 새로운 의무는 부과할 수 없다.

11 ③

생강은 동남아시아가 원산지이며, 채소로 재배한다.

- 마늘 – 중앙아시아
- 양파 – 서아시아 또는 지중해연안
- 고추 – 남아메리카
- 대파 – 중국의 서부

12 ①

원유는 한국의 수입품이다.

13 ①

고구려는 5부족 연맹체를 토대로 발전하였다. 왕 아래 상가, 고추가 등의 대가가 존재하였으며, 이들은 독자적인 세력을 유지하였다. 국가의 중대사는 제가회의를 통해 결정하였으며, 10월에는 추수감사제인 동맹이 열렸고 데릴사위제가 행해졌다.

14 ②

인두는 옷이나 천 따위의 주름이나 구김을 펴고 솔기를 꺾어 누르는 데 쓰인 도구로써 다리미의 기능을 했다.

15 ③

대전 엑스포는 1993년에 개최되었다.

16 ②

태산은 중국 산둥성 중부 타이산 산맥의 주봉으로 중국의 5대 명산 중 하나이다.

17 ④

남대문은 1962년 12월 20일 국보 제1호로 지정되었으며, 2008년 화재로 소실되어 2013년 복원되었다.

18 ①

제조회사가 명시되어 있으면 어느 회사가 물건을 만들었는지 알 수 있다.

19 ②

등기부등본은 부동산의 소유와 권리, 관련된 정보를 기록한 문서로 부동산 거래나 소유자 변경 시에 사용되며, 부동산의 상태와 권리를 확인하는 서류이다.

20 ④

국내에 거주하는 17세 이상의 국민은 시장·군수에게 주민등록증의 발급을 신청하여 소지해야 하고, 국외로 나갈 때에는 세대주·가족 또는 출국보증인 등에게 보관해야 한다.

21 ①

① 살이 쪄서 몸이 옆으로 퍼진 모양은 "뚱뚱"이다.

22 ③

③ 몸이 아프면 병원에 가야 한다.

23 ④

④ 바다에 이는 물결을 파도라 한다. 파도는 강렬한 심리적 충동이나 움직임을 비유적으로 이르는데 사용하기도 한다.

24 ①

① 광개토대왕은 고구려의 왕이다.

25 ③

③ 숙제를 했는지 물어봤으므로 했는지 안했는지에 대한 대답이 있어야 한다.

26 ①

① "-이"가 들어가야 한다.

27 ②

② 부억이 아니라 부엌이다.

28 ②

② 산간지역에 위치한 산촌에 대한 설명이다.

29 ②

② 보기의 사진은 광화문으로 경복궁을 건설할 때 처음 지은 문이다.

30 ③

③ 국민 개개인이 보호하는 자녀에게 초등교육과 법률이 정하는 교육을 받게 할 의무는 교육의 의무이다.

31 ④

④ 마니산은 고조선의 단군왕검이 하늘에 제사 지내기 위하여 참성단이 위치한 강화도의 가장 높은 산이다.

32 ①

① 세금과 관련한 업무를 맡아보는 곳은 국세청이다.

33 ①

① 지문은 추석에 대한 설명이다.

34 ①

① 대한민국 제16대 대통령은 노무현이다.

35 ③

③ 출입을 금지한 곳은 출입금지구역이다.

36 ③

경범죄는 죄가 가벼운 범죄로 중범죄와 달리 처벌 수준도 낮다. 경범죄는 시대의 변화에 맞게 조금씩 변화를 해오고 있다. 현재 경범죄처벌법에 나와 있는 경범죄의 종류에는 빈집 등에의 잠복, 폭행 등의 예비 허위신고, 도움이 필요한 사람에 대한 신고불이행, 물품강매나 호객행위, 쓰레기 무단 투기, 광고물 무단부착, 노상방뇨, 자연훼손, 불안감조성, 성명 등의 허위기재, 과다노출, 암표매매, 새치기, 무임승차 및 무전취식, 장난전화, 금연장소에서의 흡연 등이 있다.

37 ②

② 보기는 경상북도의 울릉도에 관한 내용이다.

38 ④

④ 감전사고의 경우 구조자도 감전의 위험이 있으므로 사고장소에 끊어진 전선 등이 있는 경우는 절대 손대지 말고 전원을 먼저 차단하도록 한다.

39 ①

① 동대문의 본래 이름은 흥인지문이다.

40 ①

① 좌석에서 그림이 의미하는 것은 임산부 배려석이다.